전관예우 비밀해제

강철원
김영화
김청환
김혜영
남상욱
이성택
정재호

지음

전관
예우
비밀
해제

북콤마

전관예우와
로펌 권력의 초상

최근 로펌의 권력이 위험수위에 도달했다는 경계의 목소리가 커지고 있다. 전직 관료가 로펌을 거쳐 다시 공직으로 유턴하는 사례가 늘어나자 갑을(甲乙) 관계가 뒤바뀌어 로펌이 공직 사회 위에 군림하는 역전 현상이 벌어졌다는 것이다.

이제는 법조계의 중심축일 뿐만 아니라 공직 사회에까지 영향을 미칠 정도로 성장했지만, 로펌이 우리 사회에서 현재의 위상을 갖게 된 것은 그리 오래된 일이 아니다. 1973년 우리나라의 대표 로펌인 김앤장 법률사무소가 처음 설립됐을 무렵만 해도 법조계를 움직이는 좌우 날개는 법원과 검찰이었다. 법조삼륜(法曹三輪)의 나머지 한 축인 변호사 업계는 오비(OB) 판검사의 집합소에 불과했다. 당시 변호사 업계에선 진정한 의미의 로펌이라고 부를 만한 곳이 드물었고 변호사 사무실 대부분은 판검사 출신이 연 개인 법률사무소나 합동법률사무소 형태였다. 지난 40년 사이에 도대체 무슨 일이 일어났던 것일까.

우리나라의 대형 로펌은 고도로 압축된 성장 과정을 거쳤다. 대형 로펌들은 1970–1980년대에 기업 자문이라는 영역을 개척하면서 성장의 발판을 마련했다. 그동안 외국 로펌에 맡겼던 고액의 법률 서비스 시장을 국산화하는 데 성공한 것이다. 이 무렵 대학 수석 입학과 수석 졸업, 사법시험 수석 합격, 사법시험 최연소 합격, 사법연수원 수석 졸업 등 머리 좋다는 꼬리표가 붙은 인재들이 대형 로펌으로 가는 흐름도 생겨나기 시작됐다. 이후 대형 로펌은 급속하게 덩치를 키웠는데, IMF 경제 위기 이후 국내 글로벌 기업이 생겨나고 외국자본이 국내에 진출하면서 기업 쪽에서 법률 서비스 수요가 기하급수로 늘어난 덕이었다. 지금도 단일 사무소를 기준으로 하면 소속된 변호사 수에서 세계 최대 규모인 로펌은 480여 명으로 추산되는 김앤장이다. 영미의 대형 로펌의 경우 소속 변호사가 수천 명에 달하지만, 전 세계의 사무실에 흩어져 있다.

로펌의 특징은 내부 구성원이 조직적·체계적으로 연계해

종합 법률 서비스를 제공한다는 점이다. 우리나라의 대형 로펌들도 미국식의 '원 스톱 토털 서비스'를 표방하며 의뢰인이 원하면 뭐든 한 번에 해결해주는 전략을 구사했다. 이를 위해 대형 로펌들은 2000년대 들어 송무 분야를 강화하는 차원에서 법원과 검찰 출신인 전관 변호사를 무더기로 영입하고, 특허, 세무, 공정거래, 금융, 방송 통신 규제 등의 분야에서도 전문성을 강화하기 위해 퇴직 관료를 고문이나 전문위원 같은 직함으로 줄줄이 영입했다.

고도의 자본 축적과 문어발식 인재 영입이 일정 궤도에 오르자 로펌은 자연스럽게 법조계의 우수 인재뿐만 아니라 행정 부처의 장차관과 기관장, 주요 실·국장, 정치인과 외교관 출신을 거느린 막강한 파워 집단으로 바뀌기 시작했다. 실제로 요즘 법원에서는 '변호사 개업을 앞둔 고위직 판사일수록 선고를 할 때 대형 로펌의 눈치를 본다'거나 '판사가 로펌에서 영입을 제의받기도 전에 알아서 먼저 로펌의 문을 두드린다'는 얘기가 심심치 않게 들려온다. 검찰에서도 '건수가 될 만한 사건이다 싶으면 검사장, 차장, 부장, 담당 검사, 계장에 이르기까지 학연과 지연을 총동원하고 밀착하여 마크하니 당해낼 재간이 없다'거나 '고위직 출신인 로펌 변호사가 언제 장관이나 총장으로 컴백할지 모르니 문전 박대하기도 쉽지 않다'는 자조가 넘쳐난다.

" 로펌의 영향력은 법조계에 국한되지 않는다. 최근 퇴직 경제 관료들의 로펌행이 늘고 이들이 공직으로 유턴하는 경우가 빈번해지자, 공정거래위원회, 국세청, 금융감독원 같은 권력기관도 로펌의 눈치를 보기 시작했다. "

이제 공무원들은 로펌이 낸 의견서는 좀 더 신경을 쓸 수밖에 없게 됐고, 로펌에 간 선배가 밥 먹자는 전화를 걸어오면 거절하기 힘들어졌다. 언제 로펌에 있는 선배가 자신의 직속 상사로 올지 모르기 때문이다.

이런 현실을 보지 않은 채 과거의 전관예우라는 프리즘만 갖고서는 최근 박근혜정부의 조각 인사에서 국무총리, 법무부 장관, 외교부 장관에 로펌 출신이 기용되면서 불거진 논란을 제대로 진단하기 어렵다고 우리는 판단했다. 다시 말해 '전관의 로펌행-전관의 공직 유턴-로펌의 지배력 강화-전관의 로펌행' 이라는 순환 구도를 마주하면서 전관예우 문화와 로펌 권력이 결합한 지점에서 생겨나는 문제점을 지적할 필요가 있었다. 올해 3월 한국일보의 지면을 통해 '공직 사회를 지배하는 로펌 권력' 이라는 제목으로 4회에 걸쳐 기획 시리즈를 연재한 것은 이런 맥락이었다.

　로펌 권력이라는 시각으로 문제에 접근하기 위해선 일단 로펌 안에 얼마나 많은 전관들이 자리 잡고 있는지 정확히 파악하는 것이 필요했다. 하지만 취재하면서 대형 로펌한테 협조를 받기는 어려웠다. 공공 기관도, 상장 기업도 아닌 로펌은 매출액과 수임 사건의 내역은 물론이고, 소속 구성원의 현황도 공개하지 않는 것이 관행이기 때문이다. 결국 각 로펌의 홈페이지에 공개된 구성원들의 프로필을 일일이 확인하는 방법을 썼다. '대형 로펌이 전관의 집합소로 전락해 로비 기업화하고 있다' 는 기사는 이렇게 발로 뛴 취재의 결과물이었다.

　2회는 돈이라는 측면에서 문제에 접근해보려는 시도였다. 퇴직 관료의 입장에서 보면 로펌은 자신의 업무 전공을 살리면서 높은 보수를 받는다는 점에서 분명 매력적인 직장이다. 가급적 선입견을 갖지 않고 이들이 받는 고액 보수가 과연 합당한 것인지부터 따졌다. 취재 과정에서, 이들이 받는 보수는 공직 시절에 체득한 노하우와 경험, 인맥에 대한 보상일 뿐 로비나 청탁 같은 부당한 행위를 함으로써 받는 것은 아니라는 항변이 많았다. 삼성전자 같은 사기업에서 주는 고액 연봉처럼 대하는 것은 형평성에 어긋난다는 볼멘소리도 들었다. 하지만 우리가 만난 많은 사람들은 '전관예우가 아니라면 왜 현직에 얼굴이 통할 때까지만 고액 연봉을 주겠는가' 라는 합리적인 설명을 해주었다. '고액 연봉의 이면' 도 함께 다룬 것은 돈의 측면만 부각돼 공직 사회에서 '로펌 불패 신화' 가 커지는 것을 경계하기 위해서였다. 그래서 로펌에 들어가 후배들에게 밥 사고 술 사면서 명예와 체면을 내던지는 전관의 부끄러운 자화상을 소개했다. "전관예우보다 조직에서 존경할 선배들이 없어지는 것이 더 문제다. 본받고 싶은 롤 모델이 없어지면 그 집단의 미래는 암울할 수밖에 없다"는 한 판사의 말은 오랫동안 기억에 남는다.

3회는 로펌과 전관예우가 교차하는 지점에서 문제를 바라보려는 시도였다. 로펌이 오히려 전관예우금지법을 피하는 우회 통로로 악용되고 있는 현실을 지적했다. 이 바람에 로펌은 전관을 빨아들이는 블랙홀이 되어 있었다. 또 전관 인프라로 무장한 로펌이 법률 시장을 초토화하고 있는 현실도 새롭게 알게 됐다.

4회는 해법과 대책에 관한 내용이다. 전관예우는 인간관계를 중시하는 한국 사회에서 뿌리 깊은 고질병이다. 이걸 고치려면 공직 사회는 스스로를 부정하는 심정으로 인맥과 결별해야 한다. 결코 쉽지 않은 일이다. 국민권익위원회가 올 상반기 중에 일명 '김영란법'으로 불리는 '공직자의 부정청탁금지 및 이해충돌방지법'을 입법화하겠다고 밝힌 것이 그 변화의 시작이기를 기원한다.

취재하는 동안 가장 놀랍고 반가웠던 소식은, 우리가 예상하지 못했던 곳에서 우리의 의지와는 무관하게 날아들었다. 시리즈 마지막 회에 게재할 '묵묵히 제 갈 길을 가는 법조인' 기사를 준비하고 있는데, 김능환 전 중앙선거관리위원장이 퇴직한 다음 날 아내가 운영하는 편의점에 출근해 일을 하고 있다는 것이었다. 전관예우의 해법을 담은 백 마디 말보다 더 강력하고 확실한 울림을 주는 행보였다.

앞에서도 언급했지만 로펌은 취재하기가 어렵다. 공개된

정보도 태부족이다. 우리는 로펌의 장막 안에서 벌어지는 더 많은 일들을 놓치고 있다는 것을 스스로 인정하지 않을 수 없다. 그럼에도 기획 시리즈를 책으로 내기로 한 것은, 박근혜정부의 인선과 관련해 터져 나온 전관예우 사례와 공직사회에 만연한 고질적 부패에 대한 국민적 관심이 고조되는 이때가 로펌과 전관예우의 문제를 다룰 적기라는 출판사의 기획 의도에 공감했기 때문이다. 사진을 찍어준 이동준 선생에게 감사드린다. 또 한국일보 법조팀에 로펌과 관련한 기획 시리즈 취재를 주문하고, 부족한 기사를 일일이 손봐주신 이영성 편집국장과 하종오 사회부장이 없었다면 이 책은 세상에 나오지 않았을 것이다. 두 분을 비롯해 로펌 기획에 도움을 주신 한국일보 선후배 기자들께 진심으로 감사드린다.

—— 김영화가 저자들을 대표하여 쓰다

차례

전수조사

 박근혜정부의 첫 국무총리와 법무부, 외교부 장관이 대형 로펌 출신으로 채워졌다. 이들은 모두 공직에서 퇴임하고 로펌으로 갔다가 다시 공직으로 돌아온 케이스다. 헌법기관인 헌법재판소의 수장과 청와대 공직기강비서관도 김앤장이라는 국내 굴지의 대형 로펌 출신으로 채워졌고, 비록 낙마했지만 재계의 저승사자로 불리는 공정거래위원회의 위원장 후보자도 그랬다. 로펌이 전관예우를 넘어 이제는 전

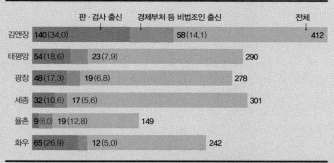

6대 로펌 공직자 출신 현황(단위: 명, 괄호안은 비율 퍼센트)

	판·검사 출신	경제부처 등 비법조인 출신	전체
김앤장	140(34.0)	58(14.1)	412
태평양	54(18.6)	23(7.9)	290
광장	48(17.3)	19(6.8)	278
세종	32(10.6)	17(5.6)	301
율촌	9(6.0)	19(12.8)	149
화우	65(26.9)	12(5.0)	242

* 고문, 비법조계 전문위원, 전문인력 포함, 외국변호사, 사무직원, 회계사, 변리사 등 제외
자료: 각 로펌 홈페이지

관(前官, 퇴임 공직자)이 공직에 복귀할 때를 대비해 '후관 예우'까지 해주고 있는 것 아닌가. '쌍관예우'라는 신조어까지 생겨날 지경이다. 공직을 떠나자마자 월평균 1억 원에 달하는 돈을 벌다가 다시 후관으로 공직에 돌아오는 이들에 대한 비판적인 여론이 비등하고 있다. 로펌이 한국의 공직 사회를 지배한다는 우려까지 나온다. 대형 로펌이 전관을 싹쓸이하듯 영입하고 그럼으로써 공직 사회에 영향력을 행사하는 폐단은 이제 사회적 문제로까지 대두되고 있다.

> 전관예우는 사실 어제오늘의 말이 아니다. 법조계에 깊게 뿌리 내린 고질에 다름 아니다. 전관예우금지법이나 공직자윤리법 같은 법과 제도를 만들어 병 자체를 뿌리째 들어내려 하지만 쉽지 않다. 오히려 그럴수록 그 뿌리는 더욱 튼튼히, 더 깊숙이 고착되는 것만 같다.

한국일보가 올해 3월 조사한 바에 따르면 국내의 6대 로
펌에 소속된 직원 가운데 5명 중의 1명은 법관이나 검사 출
신이었다. 그리고 10명 중 1명은 부장판사나 부장검사급 이
상인 간부 출신이었다. 대법관과 법무부 장관 같은 법조계
고위 공직자뿐만 아니라 경제 부처의 장관처럼 변호사 자격
증이 없는 고위 공직자도 여럿 있었다. 대형 로펌은 이른바

'전관 블랙홀'이 되어 있었다.

　구체적으로 살펴보면 매출액을 기준하여 상위 6대 로펌인 김앤장, 태평양, 광장, 세종, 율촌, 화우의 홈페이지에 공개된 소속 변호사와 고문, 비법조계 출신 전문위원 1672명(외국인 변호사, 사무직원, 회계사, 변리사는 제외)을 전수조사한 결과, 판검사 출신이 348명으로 20.8퍼센트인 것으로 나타났다. 이 중 부장판사와 부장검사 출신이 104명이었고, 대법관과 검사장 같은 차관급 이상 고위 공직자 출신은 63명이나 됐다. 매출액과 전체 변호사 수에서 업계 1위인 김앤장이 판검사 출신 140명을 보유하고 있어 압도적으로 많았고 화우(65명), 태평양(54명), 광장(48명), 세종(32명), 율촌(9명) 순이었다.

　로펌은 고문이나 전문위원 같은 직함으로 비법조인 출신도 여럿 고용하고 있었다. 건설교통부와 여성가족부의 장관을 비롯해 외교부 출신, 경제 감독 기관인 공정거래위원회, 국세청, 금융감독원의 고위 공직자 출신이 148명(8.9퍼센트)이나 됐다. 역시 이런 출신들도 김앤장이 58명(14퍼센트)으로 가장 많았고 이어 태평양(23명), 광장과 율촌(각 19명), 세종(17명), 화우(12명) 순이었다.

로펌 측은 이런 구성 현황에 대해 "각계각층의 전문가로부터 법률적, 실무적 자문을 받기 위한 것"이라고 설명한다. 하지만 많은 이들이 실상은 전관예우와 후관 대비를 위한 사실상의 로비스트 고용이 아니냐 하는 눈길로 바라보고 있다. 한상희 건국대 법학전문대학원 교수는 이렇게 지적했다. "고위 공직자 출신이 로펌이라는 거대 조직에 고용되면 개개인의 비리가 드러나지 않아 공직자윤리법 같은 법의 규제를 피할 수 있다. 우리 사회가 서서히 대형 로펌이 지배하는 '로펌 공화국'이 되고 있다."

모든
공직에
전관예우가
있다

| 지난해 퇴임한 판검사 중에 절반이 로펌에 재취업했다

| '조커 변호사'란 무엇인가

| 현직에 있을 때 기업에 '창'을 겨누던 경제 관료들
  퇴직 후 로펌에 들어가면 기업의 '방패' 역할
  기업과 친정 부처 사이에 다리를 놓는 '오작교'로 통한다

| '전관 포트폴리오'를 갖추고서 종합 서비스를 제공한다

| 현직에 전화가 통하는 시기까지가 전관의 '약발이 먹히는 기간'

지난해
퇴임한 판검사 중에
절반이
로펌에 재취업했다

2012년 국정감사 자료에 따르면 그해 퇴임한 판사와 검사 125명 중에 절반 가까운 62명이 로펌에 재취업했다. 올해 3월 한국일보 법조팀이 취재해보니 6대 로펌(김앤장, 태평양, 광장, 세종, 율촌, 화우)에 소속된 직원 1672명 중에 348명(20.8퍼센트)이 판검사 출신이었다. 이를 보면 로펌의 '전관 싹쓸이' 행태가 얼마나 심각한지 여실히 드러난다.

로펌은 이런 행태에 대해 '오랜 기간 쌓은 전문성과 경력을 보상하는 통상적인 채용'이라고 말하고 있다. 전관 변호사들이 받는 월평균 1억 원에 달하는 고액 보수도 논란이 되고 있다. 로펌은 이에 대해 '경력과 전문성에 대한 합당한 보수이며 부적절한 전관예우가 아니다'라는 입장을 밝힌다. 한 전관 변호사는 로펌의 전관예우에 대해 논란이 일자 이렇게 하소연하기도 했다. "20년을 법원에서 판사로 일했다고 칩시다. 그동안 수천수만 건의 재판을 하면서 쌓인 노하

공직에 있다가 로펌으로 가고, 다시 공직으로 돌아오는 인사에 문제가 있다는 비판이 거세다. 국내 매출액 1위 로펌인 김앤장의 경우, 법관과 검찰, 경제 부처 등 공직자 출신의 비율이 절반 가까이 된다.

우는 생각하는 것 이상입니다. 한 사건의 변호를 맡게 되면 어떤 부분을 법적 논리로 보완해야 하고 상대의 어떤 점을 약점으로 삼아 공략해야 할지 훤히 알고 있지 않겠습니까."

하지만 이들이 단순히 변호사로, 법률 전문가로만 활동하는 게 아니라는 건 알 만한 사람들은 다 안다. 로펌은 이들의 '이름'과 '직위'를 사는 것이고, 전관들은 퇴직 전의 '인맥'과 '지연', '학연' 등 갖가지 연줄을 동원해 공직 사회에 영향력과 압력을 행사한다.

서울중앙지방검찰청 검사 출신인 한 변호사는 현직에 있던 당시 "평소 피의자를 법대로 처리해야 한다고 주장하던 부장검사가 갑자기 '선처 여부를 한번 검토해보라'고 하기에 당황한 적이 있다"라고 말했다. 이런 경우 십중팔구는 '누군가로부터 전화를 받은 후'라는 것이다. 한 현직 검사는 "한때 모셨던 부장검사가 사건과 관련해 이틀이 멀다 하고 전화하는 건 물론이고 동기인 검사장을 통해 계속 영향력을 행사하는 경우도 있었다"라고 말했다.

이를 두고 로펌의 변호사들은 '변호사로서 검토해달라는 당연한 요구'라고 말한다. 통상적인 변호 절차라는 것이다. 하지만 전관의 변호 압박을 마냥 무시한다는 건 현직 검사로서는 쉽지 않은 일이다. 전관이 행사하는 보이지 않는 힘 때문이다. 한 현직 검사는 "전관이 무서운 것은 현직 검사에 대해 안 좋은 입소문을 낼 수 있다는 것"이라고 꼬집었다. 즉 평판에 대한 공포다. 전관이 자신의 말이 먹히지 않는 검사에 대해 친한 검사장이나 고위 간부들에게 대놓고 험담할 경우 인사 등에서 불이익을 받을 수 있다는 것이다. 실제로 법조계에서는 잘 나가는 전관 변호사한테 찍혀 한직으로 발령났다는 몇몇 인사들의 이름이 전설처럼 전해온다.

도제식으로 운영되는 법조계 특유의 조직 문화도 전관을 무시할 수 없는 이유 중 하나다. 평검사나 평판사 시절 소속 부서의 부장은 수사와 판결의 노하우를 일깨워준 사실상의 '은사'나 다름없기 때문이다. 아무리 퇴직한 후라고 하지만 '스승'의 간곡한 부탁을 외면하는 것은 쉽지 않는 일이다. 한 중견 검찰 인사는 "특히 자신이 가고 싶어하는 부서에 발탁성 인사를 해주거나 힘을 써준 선배, 부장이 있었다면 이분은 사실 평생 은인으로 모셔야 하는 사람"이라고 말했다.

'조커 변호사'란
무엇인가

문제는 전관 변호사들의 이런 '활약'이 겉으로 잘 드러나지 않는다는 점이다. 선임계를 내지 않고 '조커 변호사'로 활동하는 경우가 많기 때문이다. 법관 출신인 한 로펌 변호사는 "내가 맡은 사건이지만 실질적으로는 법원장 출신인 고문 변호사가 처리하는 식이라고 보면 된다"라며 사실을 털어놨다. "판결로 가면 패소할 사건인데도 그분이 판사 쪽에 전화 몇 통을 하면 조정이나 화해로 끝나는 경우가 많다."

조커 변호사는 고위 법관이나 검사장 이상 출신들의 몫이다. 로펌은 큰 사건을 수임하면 통상 10여 명의 팀제로 소송을 담당하는데 이때 조커 변호사는 고위 현직과의 '고공 플레이'로 핵심적 역할을 한다.

당연히 이들에게는 고액의 보수가 지급된다. 물론 활동이 은밀하니 보수도 잘 드러나지 않는다. 한 로펌 변호사는 "전관은 고문을 맡아 선임계를 내지 않기 때문에 보수를 세무 당국에 신고하지 않아도 된다. 사실상 탈세를 저지르는 것"이라고 지적했다.

황교안 법무부 장관은 장관 후보자 시절 국회의 인사 청문회에서 로펌에 근무하면서 고액 연봉을 받은 것 때문에 사단이 벌어진 것도 이런 배경에서였다. 부산고등검찰청 검사장으로 퇴임한 후 로펌 태평양에서 17개월 동안 16억 원의

공직 퇴임 후 로펌에 들어갔다가 다시 공직으로 돌아온 주요 인사

검찰	정홍원	법무연수원장→로고스 대표→중앙선관위 상임위원→로고스 고문→법률구조공단이사장→국무총리(2013.2)
	황교안	부산고검장→태평양 고문→법무부 장관(2013.2)
	정진영	인천지검장→김앤장→청와대 민정수석(2011.8-2013.2)
	정동기	대검 차장→바른 대표→청와대 민정수석(2008.6-2009.8)→감사원장 후보자(2010.12 사퇴)
	김경한	서울고검장→세종 대표→법무부 장관(2008.2-2009.9)
	김승규	부산고검장→로고스 대표→법무부 장관(2004.7-2005.6)→국가정보원장(2005.6-2006.11)
	박정규	서울동부지검 부장검사→김앤장→청와대 민정수석(2004.2-2005.1)
	이명재	서울고검장→태평양 고문→검찰총장(2002.1-2002.11)
	최경원	법무부 차관→김앤장→법무부 장관(2001.5-2002.1)
경제부처	권도엽	국토해양부 차관→김앤장 고문→국토해양부 장관(2011.6-2013.2)
	윤증현	금융감독원장→김앤장 고문→기획재정부 장관(2009.1-2011.6)
	이재훈	지식경제부 차관→김앤장 고문→지식경제부 장관 후보자(2010.8 사퇴)
	한덕수	청와대 경제수석→김앤장 고문→국무조정실장→재정경제부 장관→국무총리(2007.4-2008.2)
	이헌재	재정경제부 장관→김앤장 고문→재정경제부 장관(2004.2-2005.3)→김앤장 고문
	이정재	재정경제부 차관→율촌 고문→금융감독원장(2003.3-2004.7)
외교부처	윤병세	청와대 안보정책수석→김앤장 고문→외교부 장관(2013.2)

보수를 받았는데 이 기간에 선임계를 내고 일한 경우는 2건에 불과하다는 지적을 받았다.

> 전관예우뿐 아니라 '후관예우'는 더 문제다. 로펌으로서는 전관 변호사들이 나중에 다시 고위 공직자로 돌아갈 경우에 대비해 보험성 대우를 해주는 셈이다. 이렇게 되면 공직 사회는 또 이들이 언제 다시 돌아올지 몰라 의식할 수밖에 없다. 전관과 현직 공직자, 로펌 사이에 '삼각 유착 관계'가 형성되는 셈이다.

한상희 건국대 법학전문대학원 교수는 이들의 유착 관계를 이렇게 지적했다. "로펌이 전관을 통해 힘을 발휘하면 공직 사회에서 공식적으로 결정돼야 할 사안들이 비공식적·사적으로 결정되는 피해가 발생한다. 로펌의 영향력이 커질수

록 피해는 결국 국민들이 입기 때문에 시급히 해결책을 마
련해야 한다.”

현직에 있을 때
기업에 ‘창’을 겨누던 경제 관료들
퇴직 후 로펌에 들어가면 기업의 ‘방패’ 역할
기업과 친정 부처 사이에
다리를 놓는 ‘오작교’로 통한다

　　로펌에 재취업한 퇴임 경제 관료들은 이른바 ‘오작교’로
통한다. 각종 송사나 민원에서 기업과 친정 부처 간에 다리
를 놓는 역할을 하기 때문이다. 문제는 ‘경제 검찰’이라 불
리는 공정거래위원회나 막강한 징세권을 휘두르는 국세청
등의 퇴직 관료들이 해당 부처에 있을 때 쌓은 인맥을 활용
해 소송에서 기업에 유리한 결과가 나오도록 깊숙이 개입한
다는 점이다.
　　기획재정부, 국토해양부, 금융위원회, 금융감독원 등 주
요 경제·금융 부처 출신 전관들도 로펌에 고용돼 자신들이

6대 로펌에 재직하는 공정거래위원회 · 국세청 · 금융감독원 출신 인사

로펌	이름(전직)
김앤장	김병일(공정위 부위원장) 서동원(공정위 위원장 직무대행) 김대평(금감원 부원장) 유관우(금감원 부원장보) 김기태(재경부 부동산기획단 국장)
태평양	박광철(금감원 부원장) 노태식(금감원 부원장보) 이춘근(금감원 국장) 정해신(금감원 부국장) 이병주(공정위 상임위원) 조홍희(서울지방국세청장) 이효연(재경부 국세심판원 행정실장)
광장	김용덕(금감원장) 조학국(공정위 부위원장) 노환원(공정위 독점국) 명판준(금감원 금융투자감독국) 박관수(금감원 자본시장조사2국)
세종	이근영(금감원장) 안희원(공정위 상임위원) 양우평(공정위 카르텔조사국 서기관) 이규석(공정위 기업협력국 서기관) 하병만(국세청 조사국)
율촌	이정재(금감원장) 박상용(공정위 사무처장) 오성환(공정위 상임위원) 주순식(공정위 상임위원) 유홍수(금감원 부원장보) 양성용(금감원 부원장보) 유호범(금감원 선임조사역) 채경수(서울지방국세청장) 이재광(국세청 법인납세국장)
화우	손인옥(공정위 부위원장) 정도익(공정위 서기관) 정용선(금감원 부원장 대행) 유석호(금감원 기획조정국) 김창환(부산지방국세청장)

자료: 각 로펌 홈페이지

소속했던 정부 기관을 상대로 로비스트 역할을 하고 있다. 한때 기업을 상대로 각종 조사권과 인허가, 제재권을 행사하던 관료가 퇴임 후 로펌으로 옮긴 뒤에는 기업을 위해 방어 논리를 제공하거나 기업의 일감을 따내옴으로써 로펌의 수익을 키우는 데 기여하고 있는 것이다.

고문이나 전문위원 같은 직함으로 로펌에서 활동하는 전문 인력은 대개 국장급 이상 되는 퇴직 관료들로서 이들의 연봉은 최소 수억 원대에 달한다. 2011년 5월 경제정의실천시민연합이 공개한 국내 6대 로펌 현황에 따르면 이들 로펌에 소속된 전문 인력은 100명에 가까운 96명이었다. 이 가운데 공정거래위원회 출신이 19명, 금융감독원(금융위원회 포함) 출신이 18명, 국세청(관세청 포함) 출신이 16명 등 경제 부처 관료 출신이 모두 53명으로 전체 전문 인력의 55.2퍼센트나 됐다. 즉 로펌에서 변호사를 제외한 전문 인력 중에 절반이 넘는 인원이 민간 기업에 막강한 영향력을 행사하는 정부 기관의 출신인 것이다. 지난해에도 국내 6대 로펌에서 일하는 공정거래위원회 출신 전관이 41명에 달하는 것으로 조사됐다.

로펌에 고용된 퇴직 관료들의 역할은 자신들이 소속했던 정부 부처의 성격에 따라 조금씩 차이가 난다. 금융감독원이나 금융위원회 출신은 선후배들과 수시로 접촉하면서 제재 대상과 관련한 정보를 수집한다. 그러다 제재를 당한 기업이 소송을 내면 소송에서 기업에 유리한 결과가 나오도록 친정 부처를 상대로 적극적인 로비에 나선다. 한 금융감독원 관계자가 귀띔한 바에 의하면 이들의 로비 활동은 치열하다. "국장급 이상으로 퇴직해 로펌에 재취업한 금융감독원 출신은 평소 현직 간부들과 친분을 쌓는 일에 중점을 두며, 팀장급 이하로 퇴직한 사람은 주로 정보를 수집하거나 의견서를 작성하는 일을 한다. 또 금융위원회 출신은 현직에서 관련 법을 만들어보면서 법의 맹점도 누구보다도 잘 아는 사람들이라 기업에 유리한 논리를 뒷받침하는 작업에 주로 매달린다." 현직에 있을 때 기업에 '창'을 겨누던 경제 관료들이 퇴직 후 로펌에 들어가면 기업의 '방패' 역할을 한다.

기업들이 각종 불공정 거래 행위로 공정거래위원회의 조사를 받을 때면 공정거래위원회 출신들이 로펌을 위해 사건을 수임하러 경쟁에 나선다. 이를 보면 대형 로펌이 공정거래위원회 출신 전관들을 영입하는 이유는 분명하다. 공정거래위원회에 재직할 당시 기업을 상대로 '창'을 겨누는 일을 했으니 그만큼 '방패' 역할도 잘할 것이라는 기대에서다. 실제 공정거래위원회의 지난해 심판 사건 의결서를 보면 이들의 활약을 확인할 수 있다. 김앤장의 경우 공정거래위원회 경쟁국과 하도급국에서 근무했던 한 변호사가 공정거래위원회와 관련한 사건들의 절반을 맡았고, 세종은 정책국장 출신인 변호사가, 광장은 심결지원2팀장을 지낸 변호사가 공정거래위원회를 상대로 기업이 방어권을 만들어야 하는 사건에서 대표 주자로 나섰다.

국세청이나 관세청 출신들은 기업들의 세금 관련 소송을 수주하는 한편, 친정 부처를 상대로 세무조사에 대한 정보를 수집해 해당 기업에 자문하는 역할을 주로 하는 것으로 밝혀졌다. 또 기업에 유리한 방향으로 절세 방안을 조언하기도 한다.

'전관 포트폴리오'를 갖추고서
종합 서비스를 제공한다

대형 로펌이 퇴임한 공직자를 문어발식으로 영입하는 행태는 고시 출신인 고위직 전관에 국한되지 않는다. 최근에는 검찰 수사관과 경찰관까지 영입하고 심지어 교도관에게까지 손을 뻗치고 있다.

국내 최대 규모를 자랑하는 A 법무 법인은 2012년 8월 법무부의 6급 교정행정직으로 근무했던 K 씨를 영입했다. K 씨는 로펌에 영입되기 직전에 지방 교도소에서 교도관으로 근무했던 사람이다. 이제 검찰 수사관도 로펌의 영입 대상이다. A 법무 법인은 최근 십여 년 동안 꾸준히 검찰 수사관 8명을 영입했으며, B 법무 법인도 2012년 검찰 수사관 1명을 영입했다. 변호사 자격증이 없는 경찰관도 로펌에 꾸준히 영입되고 있다. 현재 대형 로펌에서 근무하고 있는 비(非)고시 출신 전직 경찰관은 5명 안팎이다. 최근에는 경찰대 출신 경찰관을 우선적으로 영입하려는 경향이 있다. C 법무 법인에는 정보계 경찰 출신인 B 씨가 십여 년 전부터 전문위원으로 근무하고 있다.

그렇다면 로펌이 변호사 자격증도 없고 고위직도 아닌 이런 전관들을 영입하는 이유는 뭘까. A 법무 법인 관계자는 이렇게 설명한다. "이들은 형사소송이나 교정 행정 같은 실무를 잘 알기 때문에 공직에서 쌓은 노하우를 바탕으로 삼아 변호사의 곁에서 실무적으로 돕는 보조 역할을 한다." 하지만 이들이 그 이상의 일을 하고 있다는 것은 아는 사람은 다 아는 공공연한 비밀이다. 이를테면 로펌은 두 방향으로 수사기관과 접촉하고 있는 것이다. 수사기관의 고위직 출신인 전관 변호사가 왕년의 동료인 현직 고위직을 통해 사건의 처리 방향에 영향력을 발휘한다면, 검찰 수사관 출신인 전문위원은 자기와 선후배 사이인 실무진에 접근해 수사 상황에 대한 정보를 수집하고 의뢰인에게 유리하도록 대응 전략을 짜는 일을 돕는다.

로펌에서 벌어지는 이런 식의 역할 분담에 대해 한 법조계 관계자는 이렇게 평가한다. "검찰 수사관이나 경찰 출신이 수사기관에서 빼내올 수 있는 수사 관련 정보는 고위직 전관이 접근할 수 있는 정보와는 질이 다르다. 수사기관의 검사장한테서 나올 수 있는 정보와 수사 실무자인 검찰 수사관을 통해 나올 수 있는 정보는 급이 다르지 않겠느냐. 고위직 전관 출신이 아닌 이들은 소환이나 압수 수색에 관한 일정 등 의뢰인의 신병과 직결되는 수사 정보를 물어오는 역할을 한다."

한 로펌 관계자는 이와 관련해 의미심장한 사례를 들기도 했다. "법원과 검찰의 직원 배치표는 원래 외부에 알려지면 안 되는 것인데도 검찰 수사관 출신이라면 이걸 다 구해가지고 있다. 사법연수원 출신 변호사라면 이런 정보를 잘 구하지 못한다. 수사기관에서 실무를 책임졌던 검찰 수사관의 라인에서 이런 것을 바로바로 업데이트해주는 것이다." 로펌 전체 차원에서 보면 신속한 업무 처리를 위해선 없어서는 안 될 존재들이 바로 이들인 셈이다. "검찰 계장급(수사관) 출신 정도 되면 검찰의 각 부서에서 어떤 사건을 갖고 있으며 사정이 어떻게 돌아가는지 등을 금방 알아낸다. 검사 출신은 잘 모르는 말단 업무도 이들은 신속하게 처리할 수 있는 장점이 있다."

> 이들은 로펌의 의뢰인이 수사 받고 있는 수사기관을 오가며 피의자인 의뢰인의 수사 상황에 대비하고 여기에 대응할 방안을 마련한다. 의뢰인이 경찰과 검찰에서 수사를 받는 과정에서 어떤 식으로 답변을 하고 조서 작성에 협조해야 하는지에 대해 코치하고 조금이라도 유리할 수 있도록 전략을 짜는 것이다.

또 경찰과 검찰을 오가며 자기가 소속된 로펌이 사건을 수임할 수 있도록 일조하는 경우도 있다. 로펌들이 의뢰인을 상대로 프레젠테이션까지 할 정도로 수임 경쟁이 날로 치열해지는 법조계의 현실이야말로 어쩌면 로펌이 수사기관의 하위직 전관을 꾸준히 영입하는 진정한 원인일지도 모른다.

그럼 로펌에 영입된 전직 교도관은 무슨 일을 하는가. 한 법조계 관계자의 말에 의하면 "그들은 의뢰인이 수감됐을 경우에 특별 면회에서부터 방실 배정에 이르기까지 수감 생활 중에 생겨나는 각종 민원을 해결해주는 역할을 한다."

위에서 살펴본 대로 이제 로펌은 수사 대상자이자 피의자가 된 의뢰인에게 '입건에서 수감에 이르기까지' 종합 서비스를 제공하는 '전관 포트폴리오'를 구축하고 있다고 할 수 있다. 한 대형 로펌 안에 다양한 인력 구성이 필요해진 이유에 대해 한 법조계 관계자는 이렇게 귀띔했다. "시대가 바뀌면서 공직 사회에서도 이제는 아랫사람이 예전만큼 윗사람의 말을 잘 듣지 않는다. 로펌이 현직의 평검사, 부장검사, 차장검사, 검사장을 상대할 전관 변호사를 각각 따로 쓰듯이 검찰 수사관, 경찰관에 맞는 하위직 전관을 따로 쓰는 것이다."

요즘 판검사들은 퇴임 후 로펌에 들어가기로 한번 마음을 정하면 로펌에서 스카우트 제의가 올 때까지 기다리지 않고 먼저 스스로 지원할 의향을 밝히는 경우도 있는 모양이다. 하지만 전직 검찰 수사관이나 경찰관이 로펌에 영입되는 경로를 보면 이미 로펌에 들어간 고위직 전관한테 추천을 받는 경우가 대부분이다. 이들은 현직이 있을 때 수사기관에서 실력을 인정받은 각 분야의 베테랑급이다. 이들이 영입되는 과정에 대해 한 법조계 관계자는 이렇게 말했다. "다른 일반 고위직 공무원들처럼 로펌에 먼저 들어간 전직 검사가 자기가 잘 아는 검찰 수사관을 찍어서 스카우트하는 경우가 많다. 전직 검사로선 그들의 탁월한 수사 역량을 익히 알고 있으니 데려다 쓰려는 것은 당연한 것 아니겠는가."

　　로펌에서 이들은 대부분 계약직 직원으로 소속되어 있어 회사의 인터넷 사이트를 둘러봐도 직원 소개란에 드러나지 않는 경우가 많다. 그런 처지에서 1억 원가량의 고액 연봉을 받는 것으로 알려졌다. 장정욱 참여연대 시민감시2팀장은 로펌이 하위직 전관들을 영입하는 행태를 이렇게 지적한다.

　　"퇴임한 공무원들의 취업 제한을 규정하고 있는 공직자윤리법의 조항은 4급 이상의 공무원, 총경 이상의 경찰공무원 등 고위 공익자에 국한되어 있어 퇴임한 하위직 공무원의 재취업은 사실상 법의 사각 지대에 놓여 있다. 대민 접촉이 많은 7급 이상 공무원의 경우도 최근 로펌에 들어가 전관으로 영향력을 발휘하는 경우가 늘고 있기 때문에, 퇴직 후 취업 제한을 할 수 있도록 법령을 개정할 필요가 있다."

현직에 전화가 통하는 시기까지가
전관의 '약발이 먹히는 기간'

군 출신 전관이 관련 업계의 고액 연봉자로 자리를 옮기는 것도 법조계와 비슷하다. 전역 후 방위산업체나 무기 중개 업체로 간 예비역 장성들이 기수 중심의 위계질서가 아직 남아 있는 틈을 타 현역 후배들에게 전 방위에서 로비를 펼치는가 하면, 직접 군수 관련 회사를 차려 군사기밀을 빼돌리다 사법 처리된 사례도 적지 않다.

'창군 이래 최대 치욕 사건'으로 꼽히는 김상태 전 공군참모총장의 경우가 대표적이다. 1982—1984년 공군참모총장을 지냈으며 예편 후 예비역 장성 모임인 성우회 회장까지

역임한 김 전 총장은 1995년 무기 중개 업체인 승진기술을 직접 차렸다. 이때 공군 출신의 다른 예비역들까지 임원급으로 영입했다. 그는 15년간 사실상 로비스트로 활동하다가 2011년 미국 록히드마틴사에 20여 건의 2, 3급 군사기밀을 넘긴 혐의로 재판에 넘겨졌다. 록히드마틴사와 무역 대리점 계약을 맺은 김 전 총장은 2004-2010년 우리 공군의 무기 도입 계획 및 변동 사항을 본사 측에 전달하고 보고해왔으며 그 대가로 수수료 25억 원을 받은 것으로 조사됐다.

김 전 총장이 록히드마틴사에 넘긴 자료는 우리 군의 합동군사전략목표기획서(JSOP), 국방 중기 계획, 공군 무기 구매 계획 등이었다. 또 해당 자료에는 우리 군이 북한 내 전략 표적을 정밀 타격하기 위해 도입을 추진했던 합동원거리공격탄의 수량과 예산액뿐만 아니라 이를 도입할 때 배치할 지점 등 대북 군사작전과 직접 관련된 정보가 포함됐다. 다목적 정밀유도확산탄과 야간 표적 식별 장비 등의 도입 계획을 밝힌 자료도 록히드마틴사에 넘겨진 것으로 밝혀졌다.

이에 대해 김 전 총장과 변호인은 "불법적인 방법으로 수집한 정보가 아니라 대부분 이미 알려진 정보를 제공한 것이라 비밀 누설에 해당하지 않는다. 무기 중개상으로서 업무를 위해 무기에 대한 정보를 거래처에 줘야 했다"라고 해명했다. 하지만 법원은 생각이 달랐다. 2011년 12월 27일 서울중앙지방법원 형사합의24부는 김 전 총장의 혐의를 모두 유죄로 보았다. 단 유출된 기밀이 실제로 국익에 해를 끼치는 데 사용되지는 않았던 점 등을 감안해 징역 2년에 집행유예 3년을 선고했다. 재판부는 "대한민국 군이 엄격히 지정한 군사기밀을 두고 자신들의 편의에 따라 기밀이 아니라고 주장하고 우리 군의 군사 기밀 지정 업무까지 우회적으로 비판하는 등 엄히 처벌할 필요가 있다"라고 판단했다. 한때 대한민국 공군참모총장으로서 우리 영공에 대한 제공권을 수호했던 사성장군은 법정의 꾸지람 앞에 고개를 떨구는 신세가 된 셈이다. 현재 이 사건은 항소심이 진행 중이어서 최종적으로 유죄 판결이 날지는 아직 정해지지 않았다.

예비역 공군대령 장 모 씨도 록히드마틴사의 한국 대리점 부사장으로 영입돼 공군의 무기 구입 계획서 등을 유출했다가 2011년 기소돼 징역 2년에 집행유예 3년을 선고받았다. 이 밖에도 미국 방위산업체 NGC로부터 연구 용역을 수주한 뒤 합동군사전략목표기획서 등을 빼돌린 황 모 씨, 스웨덴 군수 업체 사브 그룹(SAAB AB)에 2, 3급 기밀을 넘긴 컨설

팅 업체 대표인 예비역 소령 김 모 씨 등 비슷한 사례가 수두 룩하다.

그런데 군 전관이 현역 군 관계자에게 영향력을 행사하는 과정도 법조계와 유사하다. 한 현역 장교의 사정을 들어보았다. "예비역이 직접 접근할 수 있는 경로를 통해 기밀에 손을 대는 일도 있지만, 대부분은 업무 담당자에게 식사 한 번 하자고 연락을 해서 진행 상황을 묻는 방식으로 이뤄진다. 그리고 기수 문화가 뚜렷한 군에서 현역이 전관의 부탁을 뿌리치기는 쉽지 않다." 예비역이 현역 시절의 부하였던 무기 구매 담당자에게 전화를 걸어서 입찰에 유리한 정보 등을 캐묻는 일이 비일비재하다는 이야기였다.

또 다른 장교는 "명문화된 전관 대응 매뉴얼도 없을뿐더러 연락해온 예비역의 동기나 후배가 내 인사권을 쥔 현직 간부라면 이를 상부에 보고하거나 신고한다는 것은 불가능하다"라며 "바로 이 '전화가 통하는 시기'까지가 업계에서 고액 연봉의 유통기한, 소위 약발이 먹히는 기간"이라고 귀띔했다.

남상욱

김혜영

김청환

이성택

김영화

정재호

강철원

남상욱 —— 저희들이 전관예우와 대형 로펌의 문제를 분석하고 대안을 제시하는 기획 시리즈를 보도한 때가 3월 4일이었으니까 벌써 두 달 가까이 지났습니다. 시리즈가 상당한 반향을 불러일으켰는데, 특히 검찰이나 법원 같은 법조 기관에서 많은 격려와 칭찬을 해주었습니다. 아시다시피 신문 기사라는 게 상당히 정제된 표현과 문장으로 구성되다 보니 취재한 내용 전체를 다 실어내지 못했던 것 같습니다. 이 자리에서는 취재에 참여한 기자들끼리 좀 더 자유롭게 이야기를 나눌 수 있지 않을까 싶습니다. 다만 너무 적나라하게 당사자의 이름이나 아 이 얘기는 내 얘기구나 싶게 금방 드러날 수 있는 사안은 말씀할 때 신중을 기해할 텐데, 그렇더라도 최대한 자세히, 구체적으로 말해주시죠. 먼저 전관예우의 실태에 대해서 이야기를 나눠보겠습니다. 가장 먼저 궁금한 게 대형 로펌에 정말 그렇게 많은 전관들이 들어가 있는가 하는 것입니다. 기획 시리즈에도 그 수치가 자세하게 나와 있죠?

김혜영 —— 정말 많았습니다. 사실 로펌은 소속된 전관 변호사들의 수를 정확하게 공개하고 있지 않습니다. 로펌을 중심으로 일어나는 전관예우가 계속 사회적으로 논란이 되니까 아무래도 이 부분을 공개하기를 꺼려합니다. 그래서 저희가 직접 로펌의 홈페이지에 들어가서 소속 변호사들의 프로필을 일일이 확인해야 했습니다. 변호사들의 프로필을 일목요연하게 정리해놓은 곳은 그나마 나았는데요, 그렇지 않은 곳이 더 많았습니다. 며칠 동안 낑낑거리면서 일일이 찾아서 정리를 해보니까 실제로 전관 변호사들의 구성비가 상당히 높았습니다. 매출액 기준으로, 다시 말해서 가장 돈을 많이 버는 대형 로펌 6곳을 조사했습니다. 전체 직원들 중에 20퍼센트, 그러니까 다섯 명 중에 한 명은 판검사 출신이었습니다. 뭐 판검사로 퇴직하면 당연히 변호사로 재취업할 수밖에 없고 그러다 보니 비중이 높은 것 아니냐고 지적할 수도 있겠죠. 그래서 부장판사나 부장검사 이상으로 조사의 폭을 좁혀봤더니 전체 직원 중에 10퍼센트, 10명 중에 1명꼴로 결과가 나왔습니다. 대법관이나 검사장이면 검찰이나 법원에서 고위직이라고 할 수 있는데요, 이들만 하더라도 63명이나 되더군요.

김청환 —— 로펌에서 얼마나 많은 전관 변호사들이 활동하고 있느냐를 확인하는 것보다 이들이 어떤 일을 하고 있느냐를 점검하는 게 우선이라고 봅니다. 국민들로서는 법원에서 재판을 받을 때나 검찰에서 수사를 받을 때 어떤 외부의 힘에도 의지할 길이 없는데, 전관 변호사들이 자신의 인맥을 활용해 법원의 재판 결과나 수사 과정에 영향을 미치고 있다면 어떻겠어요. 이처럼 전관이 자신의 영향력을 이용해 부적절한 활동을 하는 게 문제입니다. 이와 더불어 전관이 로펌과 공직 사이를 왔다 갔다 하는 행태는 꼭 지적돼야 합니다. 공직에서 퇴임한 사람이 돈과 개인의 영달을 추구하는 모습을 보이다가 다시 회전문 인사로 공직으로 돌아가는 모습, 국민들이 볼 때 최악의 시나리오는 이런 것이 아닐까 합니다.

남상욱 —— 로펌에서 일하는 판검사 출신이라고 해서 무조건 전관이다, 또는 부적절한 전관의 예우를 받고 있다고 볼 수는 없습니다. 로펌에 들어간 그 많은 전관들이 검찰의 수사나 법원의 재판에 실질적으로 영향력을 발휘하고 있는가. 여기에 대해 실제로 법원에서 재판이 진행되는 과정을 많이 지켜본 기자라면 얘기할 거리가 많을 것 같습니다. 현직의 판검사들이 전관을 돕더라도 표가 안 나게 도울 텐데요. 검찰 쪽에서는 수사 단계, 법원 쪽에서는 영장 단계에서 편의를 봐줄 수 있지 않겠습니까. 이를테면 검찰 입장에선 구속 영장을 청구할 수 있는데 불구속 기소를 한다든지.

이성택 — 얘기를 들어보면 요즘같이 보는 눈이 많을 때는 판사가 형사사건의 형을 낮춰주는 식처럼 노골적으로 전관의 편을 들지는 않습니다. 재판이 다 공개가 되는 이상 금방 눈에 드러날 수밖에 없거든요. 말도 안 되는 재판 결과가 나오면 재판을 받은 사람이 가만히 있지 않을 거라는 걸 누구나 다 압니다. 다만 판사의 재량권이 있는 부분을 들여다볼 필요가 있습니다. 겉으로 드러나지 않는 곳에서 무슨 일이 일어나는지는 알기 힘들잖습니까. 예를 들어 민사재판에서는 재판장이 증거를 하나 더 받아주거나 하는 게 의미 있는 행동이 됩니다. 증거로 채택을 하느냐 마느냐에 따라서 재판의 결과 자체가 뒤바뀔 수 있는 사안이 되기도 하고요. 이 지점에서 재판장과 변호사가 아는 사이냐 아니냐에 따라 판단 기준이 달라질 수 있다는 게 지켜보는 사람들마다 하는 말입니다.

형사사건도 마찬가지입니다. 재판장과 변호사가 전혀 모르는 사이에서는 말하기 힘든 것을 예전에 같이 일했던 사이라거나 상하관계였다면 말할 수 있다는 겁니다. 사정을 하나라도 더 설명할 수 있고 그렇게 법정 밖에서 변론할 기회를 얻는다는 것, 재판을 받고 있는 사람에게는 당장 이것이 절실할 수 있습니다. 결국 다른 변호사는 못하는 걸 전관 변호사는 할 수 있다는 결론이 나옵니다. 또 전관 변호사를 구한 당사자는 실제로 돈이 많은 사람일 테니 그렇다면 전관예우의 문제는 결국 무전유죄 무전유죄와 같은 맥락이 아닌가 합니다.

남상욱 —— 이번에 취재하면서 알게 된 건데 법원과 검찰 양쪽이 서로 다른 얘기를 하고 있었습니다. 법원에서는 '재판하는 과정에 전관예우가 작용할 곳은 없다. 사람들이 다 지켜보는데 그렇게 하기는 불가능하다. 검찰의 수사 단계에서나 가능한 것 아니냐'라고 말하고, 검찰은 검찰대로 '판사의 재량권이 크지 않느냐. 검찰은 예전과 달라서 전관이 부탁한다고 해서 들어주는 경우는 거의 없다'라고 합니다. 서로 상대방의 탓으로 미루는 건데요. 검찰 쪽은 어떻습니까?

강철원 ── 검찰이 법원보다 전관의 힘이 미치기 쉬운 건 사실입니다. 이야기가 검찰 쪽으로 넘어가기 전에 꼭 짚고 넘어가야 할 부분이 있습니다. 소송이 대법원에까지 오면 재판장이 기록을 한 번 더 자세히 읽어주느냐 아니냐가 중요해집니다. 그때 대법관 출신인 변호사가 수임하면 거기에 영향을 끼치게 되는 겁니다. 법원 쪽에선 아니라고 하더라도 사람들은 그렇게 기대를 하는 겁니다. 대법관 출신 변호사의 수임 도장을 한 번 받는 데 수천만 원을 줘야 한다는 말이 그냥 생긴 말이 아닙니다. 그렇게 해서 좋은 결과가 나오면 변호사를 쓴 사람들이 보기엔 법리 논쟁을 해서 소송에서 이겼다기보다는 전관의 힘이 작용했다고 생각하기 쉽지 않겠습니까. 검찰 쪽은 법원과는 조직의 문화가 달라서 그런지 전관의 문제가 훨씬 심각합니다. 보이지 않는 공간이 많아서 어떤 일이 벌어지는지 감시하는 눈이 없다는 게 문제입니다. 게다가 내부 사람들도 쉬쉬하는 경우가 많습니다. 현직에 있는 검사들도 그런 얘기를 합니다. 로펌에 들어간 검찰 출신 변호사들의 활동이 정상 수준을 넘어서 도가 지나친 경우가 많다고 지적합니다. 전관 변호사가 검사를 찾아가 양형 문제를 논의하는 자리를 가지기도 한다는데 그

걸 정상적인 변호 활동이라고 보기는 어렵습니다. 좀 더 자세한 얘기를 해봐야겠습니다만 검찰의 수사가 공정하게 이뤄지지 않고 있다는 의심과 오해를 살 만한 것들이 많이 보입니다. 전관 변호사가 어떤 식으로 검찰의 수사 과정에 개입하는지에 대해 전부는 아니더라도 일부라도 공개돼야지 이런 불신이 사그라질 것 같습니다.

김혜영 — 실제로 저희 전관예우 기획 시리즈가 나간 후에 검찰에서는 두 가지 상반된 반응이 있었습니다. 첫 번째는 전관의 고액 연봉이 절대 많은 게 아니다라는 반응입니다. 전관이 판검사로서 10년을 일했다면 로펌에서 같은 기간만큼 일한 변호사의 연봉 수준과 비슷하게 받아야 하는 것 아닌가. 법률 전문가로서 당연히 받아야 할 수준의 보수를 받고 있다는 주장이었습니다. 이와는 달리 연봉은 전관의 이름값이고 몸값에 불과하다고 말하는 검사들도 있었습니다. 전관이 법조 브로커나 다름없는 일을 하고 있는데 어떻게 법률 전문가의 수준으로 돈을 받을 수 있느냐 하는 비판의 목소리였습니다.

어떤 검사는 전관들을 싹쓸이하듯 데려가는 로펌의 행태

때문에 국민들의 반감을 사고 있다고 말합니다. 양질의 변호를 하거나 법률 서비스를 개선하는 데 주력하기는커녕 현직 검사들에게 귀찮을 정도로 전화를 자주하고 수사부서의 실무진인 계장과 차장까지 마크맨을 붙여서 부탁을 하는 로펌의 실태, 이것이 볼썽사납다는 겁니다. 현직 검사들까지 이런 말을 할 정도라면 문제가 있습니다. 적어도 전관예우의 실체는 이런 방증을 통해 밝혀질 거라고 봅니다.

강철원 —— 저희 기획 시리즈가 나간 후에 '전관이 문제냐 아니면 로펌이 문제냐'라고 묻는 질문을 받은 적이 있습니다. 그런데 생각해보면 대형 로펌에는 전관도 있고 전관이 아닌 변호사도 있지 않습니까. 전관이 대형 로펌에 들어가서 변호 활동을 하는 과정을 살펴봄으로써 법조계 전반에 뿌리 내린 부당한 관행을 드러내자는 건데, 문제가 전관이냐 로펌이냐 하는 식으로 잘라 말하면 구조상의 문제를 놓치게 될 것 같습니다.

김영화 —— 사실 이번 기획 시리즈를 마련한 단초는 '로펌의 힘이 너무 세졌다. 전관들을 싹쓸이하듯 데려가면서 이제는 로펌 공화국을 운운하는 정도까지 되었다' 라는 인식에 있었습니다. 로펌이 한국 사회에서 권력이 되어가는 과정에서 전관의 역할에 주목하게 되었고 나중에는 공직 사회 전반에서 전관예우를 없애는 방안을 찾는 데 중점을 두었습니다.

남상욱 — 그럼 전관 문제를 큰 그림으로 놓고 풀어보고 로펌의 행태를 집중적으로 분석해보는 식으로 얘기를 진행하면 되겠습니다. 그런데 이런 궁금증을 토로하는 사람도 있습니다. 왜 로펌은 그토록 많은 전관을 데려가는가. 로펌에서는 전관의 힘을 이용하거나 전관의 이름값 때문에 영입하는 게 아니라고 극구 부인을 하고 있습니다. 저희가 조사한 바로도 6대 대형 로펌에서 판검사들을 많이 데려가는 게 분명하고 최근에는 경제계 퇴임 관료와 심지어는 퇴직 경찰들까지 무더기로 영입하고 있지 않습니까.

김영화 — 이 부분은 좀 짚고 넘어가야 하겠습니다. 변호사가 아닌 사람이 로펌에 취업하는 것이 무조건 잘못이라고 볼 수는 없습니다. 외국계 대형 로펌이 이미 우리 사회에 진출한 상황이니 외국의 경우를 보면 경제인이나 정치인은 물론이고 언론인까지 로펌에 들어가고 있는 게 현실입니다. 미국 같은 경우에 각 로펌의 홈페이지를 보면 관련 서비스를 소개하는 부분이 나옵니다. 송무나 기업 자문 말고도 입법이나 정부 정책, 규제에 대한 자문 등을 자신들의 업무로 소개하고 있습니다. 미국만이 아니라 여러 나라에서 정부 정책에 대한 자문 능력을 로펌의 평가 기준으로 삼기도 합니다. 퇴임한 고위 공직자가 로펌에 재취업하는 것이 무조건 비난할 일은 아닙니다. 실제로 변호사들이 행정 부처의 실무 사례나 규정, 지침을 속속들이 알기는 어렵고, 이런 것들을 제대로 파악하기 위해서는 업무를 다뤄본 경험이 있는 공직자의 조언을 받는 게 필요합니다. 의뢰인의 법률 수요에 맞춰 서비스의 질을 개선하는 측면이 있다고 볼 수 있는 겁니다. 마찬가지로 우리 로펌들도 의뢰인의 수요에 부응하고 더 좋은 법률 서비스를 제공하기 위해 공직자의 경험과 노하우를 받아들이는 측면이 있다는 겁니다.

이성택 — 그런 측면도 있겠지만 전 좀 생각이 다릅니다. 이 사람들, 고위 공직자들이 현직에 있을 때부터 퇴임하고 나서 로펌에 갈 것을 염두에 두면 업무를 보면서 로펌의 눈치를 볼 게 뻔합니다. 퇴직한 판검사들의 로펌행이 기정사실화되어 있다 보니 아무래도 현직에서 업무를 처리할 때도 사심이 끼어들지 않겠습니까. 결국 이 순환 구도가 닫혀 있다고 생각하는 순간 다른 가능성을 고려하지 않기 시작한다는 겁니다. 그런 모습으로 재직하다가 퇴임하게 되면 현직이 내 후배니까 하는 생각에 영향력을 행사하려 합니다. 이 닫힌 구도의 몇 가지 축들인 공직 사회와 법조계, 이제는 로펌 권력에 이르기까지 모두들 연관되어 작동하기 이상 상호 관계를 면밀히 살펴봐야 합니다.

또 한 가지 문제는 전관 변호사가 받는 고액 연봉이 전문성을 발휘한 대가라고 하더라도 그 비용이 굉장히 비싸다는 점입니다. 이 고비용의 법률 서비스를 누가 이용할 수 있는가. 대기업이나 소수의 돈 있는 사람들이 아니면 전관 변호사를 고용할 형편이 되지 않습니다. 전관이 전문성을 갖도록 교육시킨 건 국가인데 그 혜택이 일부 사람들에게만 돌아가는 건 형평에 어긋난다고 봅니다.

정재호 — 대형 로펌이 전관을 싹쓸이하듯 영입할 때는 그만큼 그들에 대한 수요가 선행한다고 볼 수도 있습니다. 물론 그 수요는 대기업이나 돈 많은 사람들의 필요에서 나오는 거고요. 특히 사건이 대법원의 상고심에까지 가면 언론이나 주위에서 지켜보는 눈이 소홀해질 수밖에 없습니다. 왜 로펌들은 대법관 출신 전관을 영입하려 할까요. 상고이유서에 대법관 출신 전관의 이름을 넣으면 다 그만큼 이름값을 하기 때문입니다. 예를 들어 한 대기업이 그리 크지 않은 다른 회사의 노조와 다투는 사건이었는데 대법관 출신 변호사가 수임을 했습니다. 1, 2심에서는 재판에 나오지 않던 변호사였는데 상고심에서 이름을 한번 올렸던 겁니다. 그러니까 상고이유서를 검토한 게 그분이 한 일의 전부였습니다. 수익 구조가 간단하지요. 수요가 선행하고 전관의 쓰임이 생겨나느냐, 전관의 힘이 유효하기 때문에 수요가 생겨나느냐, 이런 질문이 다시 들겠지만 유착의 고리가 있다는 건 분명해 보입니다.

전관들이 재판에서 어떤 역할을 하는지에 대해 우리가 전부 알기는 어렵습니다만 어느 정도 틀림없다고 생각하는 지점이 있습니다. 많은 이들이 지켜보는 재판을 예로 들어보면 정수장학회와 관련한 소송이 지금 진행되고 있습니다. 그 사건을 대형 로펌이 수임해서 변호를 하고 있는데, 변호사 목록을 보면 전직 형사수석 부장판사나 대법관의 이름이 보입니다. 그런데 막상 재판에서 보면 다른 변호사가 나옵니다. 그럼 그 전관들은 뭘 하고 있는가. 이 지점에서 전관이 재판부에 외압을 가한다는 오해가 생길 수밖에 없습니다. 그 사건의 재판부는 평생법관제에 따라 법원장까지 지낸 후에 다시 일선으로 돌아온 판사인데, 제가 이와 관련해 간단히 질문했습니다. 그러니까 "이름이 올라와 있던데 이 사람들은 전에 다 같은 부서에서 일했던 사람"이라고 짧은 대답이 돌아옵니다. 이 말을 들으면 누구라도 '아, 그렇구나' 하고 짐작하는 바가 있을 겁니다.

남상욱 —— '아 그렇구나'라고 표현하는 방식에 저도 십분 동감하고 있습니다. 그런데 정말 최근에는 로펌이 변호사뿐만 아니라 다양한 분야의 사람들을 많이 영입하고 있습니다. 로펌은 여기에 대해 법률이나 관련 분야의 전문가를 영입한다고 대답하지만, 과연 그것뿐일까 하는 의문이 들 때가 많습니다.

김청환 —— 일반 검찰 수사관이나 교도관까지 다 뽑고 있습니다. 이런 현상은 법조계 전반에서 전관이 발휘하는 막강한 힘을 거꾸로 증명하는 게 아닐까 합니다. 검찰의 수사 단계에서 의뢰인에게 유리한 방향으로 끌고 가는 데 이 실무진이 분명히 일조를 하기 때문에 로펌이 데려다 쓰는 빈도가 늘어나는 겁니다. 로펌에 먼저 들어간 검사 출신 전관이 자기가 현직에 있을 때 능력이 입증된 사람을 추천하는 경우가 많습니다. 제가 한창 취재를 하는데 검찰 수사관 중에 "자꾸 이런 기사를 쓰면 앞으로 한국일보 쪽에는 기사 협조를 안 하겠다"고 협박 아닌 협박을 하는 사람이 있었습니다. 공직 사회의 하위직까지 로펌의 영입 대상이 되고 있다는 건 그동안 알려지지 않았는데 지상에 보도가 자꾸 되면 자기들로선 로펌으로 가는 길이 막히는 게 아닌가 하는 걱정 때문입니다. 한편으로는 이해를 하면서도 한두 사람이 벌인 상황이 아니라 그 속을 알 수 없는 세력과 마주한다는 느낌에 씁쓸합니다.

강철원 —— 분명한 건 의뢰인들이 전관을 계속 찾고 있다는 겁니다. 검찰의 수사팀에 전화해 따로 만나는 것을 로펌의 전관 변호사들이 아니면 누가 할 수 있겠습니까. 전관은 비공식적으로 자신의 인맥을 활용해 사건에 영향을 미친다는 믿음이 의뢰인들 사이에 남아 있는 한 이런 현상은 계속될 수밖에 없습니다. 로펌에 변호를 의뢰하는 사람은 전관이 팀에 들어오면 실질적으로는 변호를 하기보다는 검찰과 법원의 고위 간부에게 사건에 대해 협의가 가능하다고, 즉 일종의 '로비'를 할 수 있다고 믿는 겁니다. 그런데 이러한 믿음이 생겨나는 과정을 자세하게 살펴보면 실제로는 로펌들이 그런 점을 과도하게 광고하는 측면도 작용합니다. 의뢰인에게 변호 과정에서 앞으로 이런저런 법리 문제가 나올 것이라 말하기보다는 내가 검찰과 친하다는 식으로 말하는 경우가 많습니다. 전관의 힘이 무엇인가를 따져보기 전에 여기에는 로펌 쪽에서 의뢰인을 현혹하는 측면이 있습니다. 의뢰인이 돈을 지불할 때 로펌 쪽에서 인맥이나 이런 인간적인 부분을 설명하는 걸 듣다 보면, 고액을 지불해도 왠지 돈이 안 아까운 것 같고 실제 수사나 재판 과정에 어느 정도 그런 고려가 먹히는 것 같은 생각이 들 수밖에 없거든요.

예전에 역외 탈세와 관련해 검찰이 큰 수사를 한 적이 있는데, 검찰이 피의자의 집에서 압수 수색을 했습니다. 거기서 검찰 고위 간부의 이름과 수억 원의 비자금 내역이 적힌 문서가 발견된 겁니다. 검찰의 수사 단계에서 개입해 피의자와 고위직 인사 사이를 중재하는 이가 있다는 이야기가 됩니다. 또한 고위 전관들은 정식으로 사건을 선임하지 않아도 전화 변론 등을 함으로써 활동하는 데 별로 지장을 받지 않습니다. 그렇다면 변호사로서 받는 고액 연봉은 탈세 문제를 불러일으킬 여지가 생깁니다.

정재호 — 저도 그런 걸 본 적이 있습니다. 예전에 한 경제 관련 수사가 검찰에서 한창 진행되고 있었는데 대검찰청 중앙수사본부장 출신인 변호사가 수사팀에 자주 오는 게 목격됐습니다. 무슨 볼일일까 하고 알아봤더니, 이 전관 변호사가 수사팀에게 법리적 논란 여부와 경제계의 이해관계 등을 설명하는 자리를 만들려고 했더라고요. 이보다 터무니없는 건 정말 이렇게 변호사 측에서 검찰 수사팀에 설명회를 가지는 자리를 두 번이나 가졌는데 정작 재판에 들어가니까 이 전관 대신 다른 변호사가 법정에 나왔다는 겁니다. 그러니까 의뢰인에게 소명할 기회를 따로 만들어주거나 담당 변호 팀이 수사나 재판에 제대로 대응하도록 자료를 확보하는 시간을 벌어주는 일을 전관들이 하고 있었습니다.

전관은
어떻게
살아남는가

| 연봉 20억 원을 받아도 '그 정도야 뭘' '생각보다 적다'

| '고액 연봉 = 전관 효과'

| 검찰과 법원 간에 전관예우는 어떻게 다른가

| '내가 그 사건 맡은 거 알지

연봉 20억 원을 받아도
'그 정도야 뭘'
'생각보다 적다'

"별로 놀라울 것도 없다. 오히려 생각했던 것보다 적게 받은 것 같다."

국회의 인사 청문회를 통해 부산고등검찰청 검사장 출신인 황교안 법무부 장관이 월 1억여 원, 법무연수원장 출신인 정홍원 국무총리가 월 3000만 원을 각각 소속 로펌에서 받은 것으로 드러났을 때 법조계는 '그 정도야 뭘' 하는 반응이었다. 부장판사, 부장검사급 이상 되는 전관 출신들이 대형 로펌에서 받는 연봉은 경우에 따라 10-20억 원에 육박하는 것으로 알려져 있기 때문이다.

전관이 로펌에 들어가면서 맺는 구체적인 급여 계약은 대개 '동시에 같은 로펌에서 영입 제안을 받은 옆방의 부장판사도 서로 상대방의 계약 조건을 모른다'고 할 정도로 철저히 비밀에 부쳐진다. 하지만 지방법원 부장판사(검찰 차장검사급) 출신은 월 5000만-1억 원, 고등법원 부장판사(검찰 지검장급) 이상 출신은 월 1억 원 이상(각각 세전 기준)을 받

는다는 것이 업계 관계자들의 증언이다. 여기에다가 사건을 유치했을 때 지급되는 인센티브를 포함하면 실수령액은 더 늘어난다. 현직에 있는 고등법원 부장판사가 받는 월급 680 여만 원(기타경비 제외)에 비하면 14배가 넘는 액수다. 한 전관 변호사는 "처음 로펌에 들어왔을 때 나보다 몇 년 일찍 변호사 활동을 시작한 동료들을 보며 '저들은 그동안 얼마나 많이 벌었겠나' 싶어 부러웠다"라고 말했다.

조세나 지적재산권 사건, 기업체 형사사건 등 소위 '돈이 되는' 분야에 특화된 전관들은 이 같은 평균을 훨씬 상회하

전·현직 주요 공직자들이 로펌에서 받은 급여

이름·직책	월 급여	로펌
황교안 법무부 장관	1억원(16개월간 16억원)	태평양
정홍원 국무총리	3000만원(20개월간 6억원)	로고스
박한철 헌법재판소장	3100여만원(15개월간 4억 9000만원)	광장
이재훈 전 지식경제부 장관 후보자	3200여만원(15개월간 4억9000만원)	김앤장
윤증현 전 기획재정부 장관	5000만원(1년간 6억원)	김앤장
정동기 전 감사원장 후보자	1억원(7개월간 7억원)	바른

는 보수를 제시받는다. 올해 초 법원 정기 인사 때 퇴임해 대형 로펌에 들어간 고등법원 부장판사들은 경우에 따라 월 2억 5000만 원, 지방법원 부장판사는 월 7000-8000만 원을 받는 조건으로 로펌행을 택한 것으로 알려졌다.

특히 어떤 로펌의 전관 변호사들이 다시 공직으로 돌아가는 경우가 많다라는 소문이 나면 그 로펌에 사건이 몰리는 경향이 있고, 이것이 전관의 몸값 상승을 부채질한다는 지적도 있다. 최근 고위 공직자를 배출한 한 로펌 관계자는 이를 직접 확인해주었다. "다시 공직으로 돌아가는 전관 변호사들이 많아지면서 현직들이 전관 출신을 괄시하지 못하게 되는 효과가 생겼다. 전관의 파워가 세지니 몸값도 자연스레 올라간다."

'고액 연봉 = 전관 효과'

전관이 로펌에서 받는 고액 연봉을 곧바로 전관예우와 연관 짓는 사회 분위기가 억울하다는 목소리도 있다. 서울 지역의 법원에 재직 중인 한 판사는 이런 인식이 부당하다고 호소했다. "전관들이 현직에 있을 때 쌓은 자신의 인맥을 동원해 재판 결과를 바꾸려하는 것은 당연히 잘못된 일이다. 하지만 전관이 고액 연봉을 받는 것은 로펌이 공직에서 일했던 경험과 전문성을 높이 사 전관의 경제적 가치를 인정해주기 때문이 아닌가. 전관예우는 원래 인맥을 동원해 부당한 영향력을 행사하는 것을 의미했는데, 최근에는 전관들이 월급을 많이 받는 것까지 싸잡아 전관예우라고 부른다. 급여만 놓고 보면 스톡옵션까지 챙겨 받는 대기업 임원들이 더 많이 받는데도 말이다."

그런데 과연 로펌이 전관들의 경험과 전문성만 고려해 그토록 높은 연봉을 제시하는 걸까. 로펌의 입장에서는 전관에게 비싼 몸값을 지불하는 것은 '전관 효과'를 기대하면서 주는 것이다. 전관이 퇴임 이후 일정한 시간이 지나면서 전관 효과가 떨어지기 시작하면 로펌의 대우가 달라지는 것을 보면 알 수 있다. 조사한 결과, 로펌은 전관에게 처음 계약을 맺을 때는 거액의 기본급을 약속하지만 이는 전관 효과가 유지되는 초반 1, 2년에만 해당되는 것으로 나타났다.

" 전관에게 거액의 기본급이 보장되는 기간은 대체로 전관과 동기인 판사들이 현직에 남아 있는 기간과 일치한다. 판사의 경우에는 같은 부서라면 기수가 낮을수록 로펌들 사이에서 인기가 좋은 것으로 알려졌다. 여기에는 전관이 기수가 낮은 판사 출신일수록 동기들이 현직 판사로 남아 있는 기간이 길기 마련이라는 로펌의 계산이 깔려 있다. "

검사의 경우에는 로펌에서 주는 기본급이 더 높은 까닭에 한 번에 더 큰 돈을 버는 반면 전관 효과가 6개월-1년 동안으로 비교적 짧게 유지되는 것으로 알려져 있다.

이처럼 전관 효과에 유효 기간이 있는 것은 공직을 떠난 기간이 길어질수록 현직과의 유대가 약해지는 데다 '싱싱한' 후배 전관들이 매년 배출되기 때문이다. 전관들은 이렇게 보장된 기간이 끝난 후부터는 직접 유치하거나 해결한 사건의 수에 따라 급여가 정해지는 '별산제'로 급여를 받는다. 한 법조계 관계자는 "대형 로펌에서는 성과가 없으면 월급이 10퍼센트씩 팍팍 깎이는 것도 예사다. 여기에 적응하지 못하고 몇 년 되지 않아 로펌을 떠나는 이들도 있다"라고 귀띔했다.

로펌에 들어간 전관들이 돈을 많이 받는 만큼 고생도 많이 한다고 보는 이들도 있다. 최근 대형 로펌의 러브콜을 받았지만 고사했던 한 고등법원 부장판사는 이렇게 소회를 밝혔다. "로펌에 들어가면 돈은 훨씬 많이 벌겠지만 인맥을 관리하는 데 들어가는 밥값과 술값이 만만치 않고, 후배 판사들에게 부담을 줘야 하는 경우도 있어 스트레스가 많다. 여기에다가 사건을 유치해야 한다는 압박감도 크다." 한 전관변호사도 로펌행에서 이해득실을 정확히 따져볼 필요가 있다고 말했다. "로펌의 변호사로 가려면 판사 시절에 받은 월급보다 최소 두세 배를 더 받는 조건으로 가라는 말이 있다. 공직에 더 남아 있으면 퇴임 후 공무원 연금도 나오고 고등법원 부장판사로 승진할 경우에는 차량도 나오는데 로펌에서는 이런 혜택이 상당 부분 없어지지 않느냐."

검찰과 법원 간에
전관예우는 어떻게 다른가

법조계의 양 축인 검찰과 법원 간에는 전관예우 관행에도 다소 차이가 있다. 검사 출신 전관은 퇴직 당시 직급이 높을수록 이에 비례해 몸값이 올라가는 경향이 있다. 검찰은 조직 내부의 위계질서가 강한 탓에 상명하복의 문화가 전관과 현직 사이라고 해서 달라지지 않는다. 그런 까닭에 현직에 있는 후배 검사 입장에서는 선배인 전관의 청탁을 완전히 무시하기 어렵다. 퇴임한 선배라고 해서 제대로 대우하지 않았다가는 곧바로 '버릇없다'는 낙인이 찍혀 법조계 내부에서 구설수에 오르는 경우도 심심찮게 있다.

현직 검사가 가장 부담스러워하는 일 중에 하나가 바로 '예전에 모시던 부장님'의 전화를 받는 것이다. 전관의 전화라서 해서 마냥 모르는 체할 수 없는 처지인 것이다. 밖에 있는 사람들이 볼 때도 검찰이 법원 쪽에 비해 전관예우가 더 깍듯해 보인다. 간단히 말해 검찰 내부에서는 '서로 챙겨줘야 나도 나중에 도움을 받을 수 있다'는 의식이 강하다. 왜 그럴까. 단순히 검찰 조직 내부의 문화 때문만은 아니다. 같은 법조인이라도 재직하는 동안 여러 종류의 법을 두루 다뤄보는 판사와 달리 검사는 형사소송에만 전문성이 있는 것으로 그친다. 퇴직해서 변호사로 활동해도 전관예우를 받지 못하면 큰 수입을 올리지 못할 가능성이 높은 것이다.

물론 판사도 퇴임할 당시 직급이 높을수록 전관으로서 몸값도 어느 정도 따라 올라간다. 하지만 법원장급 이상으로 진급한 뒤 옷을 벗으면 오히려 몸값이 내려간다는 말이 있다. 로펌들 사이에서 법원장 출신 전관의 몸값이 상대적으로 낮은 이유는 재판을 맡고 있는 현직 판사 중에 동기가 거의 없어서다. 판사 출신 전관들은 보통 후배보다는 동기가 현직 판사로 있을 때 좀 더 긴밀한 관계를 유지하는 경우가 많다고 한다. 물론 여기에는 법조계 브로커들이 '담당 재판장과 친한 동기인 전관 변호사가 사건을 수임해야 승소할 수 있다'는 식으로 의뢰인들을 현혹하는 측면도 작용한다.

아무튼 로펌 입장에서는 '전관 효과'가 시원찮은 법원장 출신은 오히려 매력이 떨어진다. 그래서 판사 출신 전관의 몸값이 올라가는 것은 딱 고등법원 부장판사까지다.

'내가 그 사건 맡은 거 알지'

대형 로펌에 갓 들어간 고위 법조인들은 한 달에 수천만 원, 수억 원의 보수를 받는다. 그러나 그만한 보수를 받을 때에는 자기가 아무리 고위 법조인 출신이더라도 그동안의 명예와 체면을 버릴 각오가 되어 있어야 한다. 로펌에서 변호사로 활동하다 보면 법원과 검찰 내부의 인맥을 적극적으로 활용해야 할 일이 생기고 그러기 위해선 이른바 '갑'에서 '을'로 자세를 바꿔야 할 필요가 있기 때문이다.

한 대형 로펌은 전관이 입사하면 가장 먼저 '현직에 있을 때처럼 판단하지 말고 어떻게 하면 의뢰인에게 좋은 서비스를 제공할지 고민하라' 라는 취지의 실무 교육을 실시한다.

> 로펌에 먼저 들어온 전관이 신입 전관에게 가장 자주 해주는 조언은 다름 아니라 '판검사 물이 빠져야 실적이 나온다' 라는 말이라 한다. 로펌에서 활동하다 보면 자연스레 체득하

게 된다는 것이다. 신입 전관
을 위한 교육은 먼저 입사한
전관이 강연 형식으로 진행한
다. 교육 후에는 어떻게 하면
효과적으로 전관의 지위를 이
용할 수 있는지에 대해 맞춤형
지도가 이어진다. "

　예를 들어 성격이 비교적 조용한 전관 변호사에겐 현직의
후배에게 접근할 때는 "말을 많이 하기보단 운동(골프)하자
고 접근해 신뢰를 유지하는 방법이 효과적일 것"이라고 훈
수를 두는 방식이다.
　기초 교육이 끝나면 고위직 출신 변호사들은 후배들이 근
무하는 법원이나 검찰청으로 향한다. 직접 판검사의 방에
찾아가 안부를 묻는 방법으로 은연중에 자기가 변호사로 개
업한 것을 홍보하기 위해서다. 일부 판사들은 사무직원에게
'어떤 변호사가 찾아와도 만나지 않겠다'고 말해두는 경우
도 있지만, 직접 찾아오는 전관을 원천봉쇄하기는 힘들다.
법원에서 일하는 한 여직원이 밝히는 전관의 방문은 생각했

던 것보다 집요하다. "판사님은 변호사와는 만나지 않는다고 말해도 30분 넘게 방 앞에서 서성이는 사람들도 있다. 그렇게 변호사가 며칠 계속해서 찾아오면 넘어가지 않을 도리가 없다."

실제로 법원과 검찰에서 정기 인사가 있은 뒤에는 전관 변호사들이 청사 로비를 드나드는 모습이 심심치 않게 눈에 띈다. 어떤 전관들은 현직에 있을 때 데리고 있었던 판검사 이름과 방 번호를 메모한 노트를 들고 온종일 후배들의 방을 돌아다니기도 한다. 후배들의 인사이동 소식을 접하고 나서 전관이 직접 찾아가기 곤란한 경우엔 곧바로 10만 원대의 난초 화분을 보내곤 한다. 화분에는 '00법무법인 000변호사. 00를 축하합니다' 라는 축하 문구가 붙어 있다. 자기가 어느 로펌의 소속인지를 각인시키기 위해서임은 두말할 필요가 없다.

한때는 남달리 품위를 강조하던 법원 고위직 인사가 퇴임하고 나서 변호사로 활동하고부터는 사람이 백팔십도 달라졌다는 이야기도 이제 법조계에선 흔하게 나돈다. 대표적으로 후배 교육에 엄격해 '호랑이 법원장' 으로 불리던 A 변호사의 변신이 그런 경우다. 대형 로펌에 영입된 후 그가 수도

권 지역의 법원에서 근무하는 후배 판사들의 방을 일일이 돌았는데 허리를 90도로 숙여 인사하고 다니더라는 것이다. 한 판사는 "나중에 들으니 A 변호사는 '그쪽 법원의 판사들은 내가 꽉 잡고 있다'고 과시하며 수억 원은 벌었다고 한다"라고 말했다.

피의자의 구속 여부를 심사하는 영장 전담 판사들은 전관들이 자주 연락하는 대표적인 타깃이다. 영장 전담으로 일했던 B 부장판사는 전관에 얽힌 복잡한 심경을 털어놓았다. "피의자의 변호인으로 현직에 있을 때 모셨던 선배가 선임되면 예외 없이 그분한테서 '내가 그거 맡은 거 알지'라는 내용의 전화가 온다. 마음속에선 '내 덕분에 사건을 맡아 돈 벌고 있으니 그걸로 만족하시지'라는 말이 맴돌지만, 선배라 대놓고 말은 못 하고 대충 어물쩍 넘기는 경우가 다반사다."

검찰 고위직 출신인 변호사도 예외가 아니다. 검사장급 이상이 되어 퇴임한 변호사에게는 여간해선 해결하기 어려운 사건이 몰리게 마련이다. 이른바 '인공호흡기 단 사건'으로 불리는데 막강한 영향력을 가진 전관이 개입하지 않고서는 사건을 무마할 실마리를 찾기 어려운 경우다. 이런 사건을 맡게 되면 전관으로선 현직에 있는 후배 검사에게 무리한 부탁을 할 수밖에 없다. 무슨 수를 써서라도 사건을 해결한 전관에게는 로펌에서 따로 책정한 성공 보수가 주어진다.

서울 지역 지방검찰청의 한 검사도 전관 때문에 고역을 치렀다. "예전에 모셨던 상관이 일주일에 한 번씩 꼬박꼬박 찾아오니 짜증이 날 정도였다. 평소 그렇게 강단 있던 검사가 로펌에 들어간 뒤 하는 행동을 보고 안쓰럽기까지 했다." 수도권의 한 검찰 간부도 비슷한 경험을 털어놨다. "변호사로 개업한 선배가 찾아와 수사에 훈계를 하듯이 말하며 잘 봐달라고 부탁하면 욕이 목까지 차오른다. 후배 검사들이 전관 변호사의 노골적인 부탁으로 힘들어하는 경우를 많이 봤고 중간에 내가 나서서 '적당히 하시라' 고 말한 경우도 있었다."

1년 남짓한 전관예우 기간이 지나면 전관의 고액 연봉은 뒷자리의 '0' 하나가 빠질 정도로 쑥쑥 내려간다. 시간에 쫓기는 전관 변호사에게 그동안의 명예와 체면은 어느새 뒷전이 되어 있었다. 이들을 바라보는 후배 법조인들의 시선은 안타까움 자체였다. 서울중앙지방법원의 한 판사는 "전관예우 자체보다 존경할 선배들이 없어지는 것이 더 문제"라

며 "본받고 싶은 롤 모델이 없어지면 그 집단의 미래는 암울

할 수밖에 없다"라고 말했다.

남상욱 — 전관예우에 대해 특히 말이 많은 부분은 전관이 받는 보수입니다. 전관들의 수입이 엄청나다는 것이 국민의 공분을 많이 샀던 까닭이 아닌가 합니다. 어느 전관은 로펌에서 한 달에 1억 원을 받았더라는 자료가 나왔습니다. 정상적인 변호사 활동을 해서 벌었다고 보기에는 지나치게 큰 돈이라는 겁니다. 연봉 1억 원도 언간생심인 일반인들의 기준으로 보면 의혹이 생길 수밖에 없습니다. 정말 전관들은 그렇게 많은 수입을 올리고 있습니까?

이성택 — 전관들이 받는 보수에 대해 정확하게 알려진 바는 없습니다. 워낙 개개인의 차이가 큰 데다가 로펌이나 변호사 당사자 스스로가 밝히지 않기 때문인데요. 일반적인 업계 평균을 얘기해볼 수는 있겠습니다. 먼저 지방법원 부장판사 출신은 세전 기준으로 월 5000만 원에서 1억 원 정도를 받는다고 합니다. 고등법원 부장판사급은 월 1억 원 이상을 받는다는 얘기가 있습니다. 검찰로 치면 지방법원 부장판사는 차장검사급, 고등법원 부장판사는 지검장급에 해당합니다. 물론 이 액수는 백화점 상품처럼 정가로 정해진 건 아닙니다. 로펌이 전관을 '스카우트할 때 이 정도는 불러야 실례

가 안 된다'는 수준의 최소 액수라는 겁니다. 스카우트 대상
인 전관이 현직에 있으면서 얼마나 크고 유명한 사건을 많
이 맡았느냐, 또 전관으로서 영향력을 갖고 있느냐에 따라
액수가 크게 차이 난다고 합니다. 예를 들어 올해 법원의 정
기 인사 때 법복을 벗은 한 고등법원 부장판사는 한 달에 2억

5000만 원을 받는 조건으로 로펌에 갔다고 해서 많은 사람을 놀라게 했습니다. 이게 정말 사실이냐 아니냐를 놓고도 법조계에서 설왕설래했습니다. 월급 2억 5000만 원은 사실 너무 큰 돈이라 보통 사람들은 감이 오지 않을 것 같아서 한 가지 비교를 해보겠습니다. 현재 고등법원 부장판사가 받는 월 기본급은 680만 원이고 특수활동비나 차량 및 기사 지원 등을 전부 합치면 월 1000만 원 정도 됩니다. 이 전관은 판사를 그만두고 로펌에 들어가 월 2억 5000만 원을 받게 되었으니 그러면 월급이 거의 20배 이상 뛴 셈이 됩니다.

남상욱 —— 그렇다면 고액 연봉을 받는 이유가 단지 전관이라는 이유 하나 때문인가, 그런 문제도 한번 점검해볼 수 있겠네요. 전관 변호사가 열심히 일해서 번 정당한 대가일 수 있는데 그걸 두고 고액 연봉이라고 비판하는 건 무리가 아닌가 하는 쪽과, 당연히 전관예우를 비판적으로 바라보는 시각에서 현직에 있는 동기나 후배들에게 힘을 발휘해 벌어들이는 부정한 돈이라고 보는 쪽이 있습니다. 전관들이 구체적으로 무슨 일을 어떻게 하기에 이 정도의 고액 연봉을 받는 겁니까?

김영화 — 전관 출신 변호사의 고액 연봉을 곧바로 전관예우와 결부시키기에는 무리가 많습니다. 좀 더 신중하게 살펴봐야 할 부분이 있는데요, 취재 현장에서 이런 얘기를 자주 듣습니다. 전관의 수입이 커 보이지만 삼성전자 같은 대기업의 임원이 수억 원의 월급을 받는 것과 비교하면 전혀 그렇지 않다, 그럼 비슷한 기간 동안 일해서 대기업의 등기이사가 된 사람의 높은 보수는 왜 문제 삼지 않는가. 즉 형평에 어긋난다는 항변입니다. 미국 연방판사의 로클럭(재판 연구원)을 지낸 엘리트 새내기 변호사의 경우 보통 초봉이 월 18만 달러에서 20만 달러 정도 된다고 합니다. 우리 돈으로 환산하면 2억 원 정도 되는 셈이죠. 로펌에서 스카우트할 만한 인재들은 국적을 불문하고 그 정도 액수의 돈을 받고 있습니다. 물론 이런 사정을 한국 사회에 그대로 대입하기는 어렵겠지만 간과할 수 없는 지점이 있습니다.

로펌에서 변호사의 보수를 높게 책정하는 데에는 그 나름의 근거가 있습니다. 김앤장의 한 관계자에 따르면 전관 변호사는 처음 1년은 기본급 형태의 봉급을 받는다고 합니다. 그 이후로는 타임차지(Time charge, 변호사의 업무와 상담을 시간당으로 계산하여 청구하는 것) 형태로 보수를 받습니다. 로펌이 수임한 사건에서 변호사가 기여한 시간만큼 보수를 받는 시스템이죠. 보통 로펌들이 이용하는 이 시스템은 분 단위로 계산할 정도로 무척 꼼꼼하게 되어 있습니다. 최소 단위가 6분인데 1시간을 1로 치면 6분은 0.1이 되는 식으로, 6분 단위로 잘라서 보수를 책정하는 셈입니다. 물론 시간당 보수는 경력에 따라 천차만별입니다. 적게는 20만 원에서 많게는 100만 원 이상까지 다양하다고 합니다. 김앤장의 전체 구성을 살펴보면 시간당 보수가 낮은 사람들이 다수를 차지하고 시간당 보수가 높은 사람들은 적은 편입니다. 평균을 내면 시간당 30만 원 정도 된다고 합니다. 이에 비해 우리 기업이 미국 로펌에 일을 맡기면 시간당 보수로 500-600달러(60만 원가량) 정도를 내는 것으로 알려져 있습니다. 시간당 보수는 아주 철저하게 기록이 됩니다. 변호사가 어떤 일을 했는지 사무실에서 전부 기록하고 의뢰인에게 구체적인 명세서가 가기 때문입니다. 따라서 전관 변호사가 높은 연봉을 받는다는 이유만으로 그들이 뭔가 불법 행위를 저질렀다고 보는 시각은 곤란합니다.

이성택 ─ 그렇더라도 한국 로펌의 보수 체계에는 거품이 끼어 있습니다. 요즘 대형 로펌들 사이에서 전관을 영입하는 경쟁이 치열하게 벌어지고 있습니다. 실제로 변호사 업계에서는 이런 말이 회자할 지경입니다. 그해 퇴임한 전관 중에 유능한 사람을 몇 명이나 데려갔느냐에 따라 로펌의 한 해 농사가 좌우된다. 유명한 전관이 들어간 로펌에 당연히 사건 의뢰가 몰리기 때문입니다. 그러다 보니 대형 로펌이 아니면 전관을 구경도 못 한다고 합니다. 대형 로펌들은 스카우트한 전관에게 당장 사건을 수임하지 않더라도 고액의 월급을 주고 있습니다. 프로스포츠의 세계에서 우수한 선수를 데려가기 위해 여러 팀이 서로 경쟁을 벌이는 것과 비슷합니다. 이 선수가 우리한테 당장 필요는 없더라도 일단 데려오는 식입니다. 이 선수를 다른 팀에게 빼앗기면 우리 팀에 치명타가 될 수 있으니까 일단 데려오자, 이런 겁니다. 이렇게 전관을 두고 로펌들 사이에서 과도하게 경쟁이 붙다 보니 연봉에 거품이 낄 수밖에 없습니다.

남상욱 — 전관이 돈을 얼마나 버는가를 떠나서 그들이 공직 사회에 부당한 압력을 행사하는 게 문제입니다. 앞에서 미국의 예를 들었는데요. 미국의 선진적인 법률 시스템이 우

리 법조계에 들여오면 그 시스템이 그대로 유지되면서 굴러
갈 수 있을지 의문이 듭니다. 다시 말해서 미국이 그런 시스
템을 운용할 수 있는 것은 법조계에 투명성이 확보된 덕분
아닐까요. 미국에선 변호사의 활동 내역이 투명하게 공개된
다고 알고 있습니다. 그렇다면 서초동 법조 타운으로 대표
되는 한국 법조계가 과연 투명하게 공개되고 있는가. 의문
이 들 수밖에 없는 상황입니다. 투명성이 보장되지 않은 현
실에서는 변호사의 정상적인 활동에 플러스알파가 있지 않
을까 하는 의구심이 들 수밖에 없습니다. 대형 로펌에 소속
된 전관 변호사들이 하는 활동을 보면 알 수 있습니다. 전관
들의 활동에 플러스알파가 있다면 무엇이 있을까요? 직간접
적으로 드러나는 사례를 이야기해보지요. 전관들과 보통 우
리가 얘기하는 일반 변호사와는 어떤 차이가 있습니까?

정재호 —— 법원의 사례를 들겠습니다. 매년 정기 인사가 나
면 이름난 전관 변호사들이 기자들이 취재하는 것처럼 '마
와리'(기자들이 취재원들을 찾아 돌아다니는 것)를 도는 모
습을 심심치 않게 볼 수 있습니다. 저희 기자들로서는 판사
들의 방 근처에서 이 전관 변호사들을 자주 보게 됩니다. 보

통 젊은 변호사와 전관 변호사 둘이 한 조가 되어 돌아다니는 경우가 많습니다. 젊은 변호사가 '어떤 판사가 몇 호실에 있다'라고 쓰인 메모지를 들고 전관 변호사를 안내하는 식입니다. 새로 부임한 판사에게 인사를 다니는 겁니다. 판사의 방에 들어가면 전관 변호사가 판사에게 함께 온 젊은 변호사를 소개해줍니다. 복도를 다니다 보면 그들이 하는 말을 듣게 되는 때가 있습니다. '오전엔 이 판사 방까지 돌았으니 오후에는 저 판사의 방까지 가자' 이런 말을 합니다.

이런 광경은 법원의 정기 인사가 있는 2월에 자주 눈에 띕니다. 특히 큰 사건이 몰리는 형사합의부 재판부에 가면 어김없이 이렇게 찾아오는 전관들이 목격됩니다. 사무실 여직원은 인사이동이 있어도 잘 안 바뀌는 사람들이라 이들에게 물어보면 아주 잘 압니다. 조금 전에 왔다 간 사람이 누구냐고 물어보는 기자에게 심드렁한 표정으로 대답합니다. "왜 다 알면서 물어보는 건가. 어제 우리 부장판사가 (전관을) 만나고 싶지 않다고 해서 그렇게 전했는데, 오늘 또 찾아왔다." 그만큼 전관의 방문이 잦다는 이야기입니다.

강철원 ── 저희가 기획 시리즈에도 썼는데 조커 변호사라는 말이 있습니다. 조커라는 게 원래 카드놀이에서 숨겨두고 있다가 승부수를 띄울 때 결정적으로 꺼내는 한 장의 카드를 뜻하지요. 변호사 업계에서도 비슷한 뜻으로 이 말을 사용합니다. 변호사가 한 사건을 수임해서 활동하다 보면 당연히 딱 막힐 때가 생깁니다. '인공호흡기를 단 사건'이라는 말도 있는데, 누구도 해결하기 어려운 그야말로 응급한 상황에서 앞에 나서는 사람이 바로 조커 변호사입니다. 당연히 정상적인 범위의 변호 활동을 넘어서서 능력을 발휘할 수 있는 사람일 텐데요. 보통 전관들이 조커 변호사로 활동합니다. 물론 이들의 활동이라는 게 불법을 저지르는 그런 방식은 아닙니다. 현직에 있는 판검사 중에 후배나 친한 동기가 있을 테니 이럴 때 전화를 한 통 넣는 식입니다. 숨통이 딱 막힌 상황에서 숨구멍을 트게 해줄 수 있습니다. 이렇게 결정적인 순간에 제 몫을 톡톡히 하는 전관 변호사에게 과연 플러스알파가 없을까요. 상식적으로 생각해도 로펌으로선 모르는 체할 수 없을 겁니다.

정재호 —— 한국 사회의 구조상 전관예우가 없어질 수 없을 바에는 차라리 전관의 활동 내역을 투명하게 공개하는 게 낫다고 봅니다. 세계 10대 로펌 안에 드는 디엘에이 파이퍼는 매출 규모가 거의 우리 법률 시장의 전체 매출액 규모와 맞먹습니다. 그런데 이 로펌이 한국에 진출할 때 최선봉에 선 사람이 다름 아닌 미국의 상원의원이자 국방장관 출신인 윌리엄 코헨입니다. 지금 이곳의 상임고문으로 일하고 있습니다. 또 미국계 로펌인 심슨 대처는 공정거래법 분야를 주력으로 삼는데 오바마 1기 정부에서 공정거래법 실무를 담당했던 사람을 고문으로 영입한 것을 자랑 삼아 내세웁니다. 로펌 맥더못은 IT 소송 분야에 강점을 두는데 오바마 정부에서 일했던 그 분야 일인자를 데려와 씁니다. 즉 모두 전관 출신을 데려다 쓰고 있습니다. 디엘에이 파이퍼는 이런 전관들을 영입하면서 '우리 로펌은 현 정부에서 요직에 있던 사람을 고문으로 데려다 쓴다' 라고 떳떳하게 말합니다. 그런데 이 사람들은 사실상 이름만 빌려주는 비법조인입니다. 우리도 전관의 재취업을 막을 수 없다면 영미 로펌들처럼 전관의 존재를 투명하게 공개하는 게 낫습니다. 그 대신 전관의 영향력을 영업이나 홍보 수준에 한정하는 게 좋겠습니다. 영미 로펌은 전관들에게 준 보수를 전부 공개합니다. 한국 사회에서 벌어지는 전관예우의 가장 큰 문제는 로펌이나 기업체에서 누가 전관으로 일하고 있는지를 공개하지 않는다는 겁니다. 고용한 기업 측에서 전관에게 얼마만큼 보수를 줬는지를 전혀 밝히지 않는다는 겁니다. 전관예우가 없어질 수 없다면 차라리 영미처럼 전관의 영입 사실을 공개하고 수익 구조를 철저하게 밝히면 논란이 상당히 수그러들 것으로 봅니다.

대한민국은
로펌 공화국

| 전관이 로펌에 들어가면 '1년간 수임 제한'하는 법망을 피할 수 있다

| 3조 원 법률 시장에서 대형 로펌이 절반을 가져간다

| 단독 개업 변호사들은 '맡을 사건이 없어요'

전관이 로펌에 들어가면
'1년간 수임 제한'하는 법망을
피할 수 있다

대형 로펌이 법조계에서 강력한 영향력을 갖게 된 것이 어제오늘의 일은 아니다. 최근 들어 가장 뚜렷한 변화는 법원과 검찰의 고위직 출신들이 퇴임하면 단독 개업을 마다하고 앞다퉈 로펌의 문을 두드리고 있다는 점이다. 전관이 로펌에 들어가서 구체적으로 얻는 이익은 무엇인가 그리고 지금 법률 시장은 전과 다르게 재편되고 있는지, 우선 살펴봐야 했다.

전관들이 로펌행을 선택하는 가장 큰 이유는 역시 안정적인 돈벌이가 가능하기 때문이다. 대형 로펌은 변호사마다 계약 조건이 다르지만 기본적으로 전관이 현직에 있을 때와는 비교할 수 없을 정도로 높은 경제적 보상을 제시한다. 또 사무실을 운영하고 직원을 관리하는 일에 신경을 쓸 필요가 없는 데다 '사건을 물어오는' 부담도 덜하다. 간혹 '단독으로 사무실을 연 누가 몇 십억 원을 벌었다더라'는 얘기가 신경 쓰이기는 하지만, 그 사람이 투입했을 노력과 수익을 함

서울 종로구 당주동의 변
호사 회관 앞에 서 있는
정의의 여신 디케 상. 디케
가 오른손에 든 저울은 엄
정한 법의 기준을, 왼손으
로 잡고 있는 칼은 정의를
실현하기 위한 힘을 의미
한다.

께 고려해보면 크게 배 아플 것도 없다.
대형 로펌에 들어간 전관들은 그렇게 안
정적인 수익을 추구한 사람들이다.

　검사장 출신인 한 변호사는 "로펌의
브랜드 가치를 보고 찾아오는 사람들은

그 안에서 다시 전관을 찾게 된다. 전관은 가만히 앉아 있어도 사건 수임이 가능하다"라고 말했다. 고위직 법관 출신인 한 변호사의 얘기는 좀 더 솔직했다. "오십대를 지나서 공직을 떠나고 보니 혼자 사건을 찾아 뛰어다니고 소송을 준비하며 분주하게 움직인다는 게 마음처럼 잘 안 되더라. 그나마 로펌으로 가면 내 경력과 전문성을 인정해주고 그만큼 경제적 보상을 해준다니까, 후배들이 하는 일을 자문하고 옆에서 방향을 잡아주면서 안정적으로 지낼 수 있지 않을까 싶어서 로펌으로 오게 됐다." 게다가 기본급 외에 사건을 수임한 성과에 따라 수억 원에 달하는 별도의 보수를 받는 점도 로펌의 변호사에게는 무시할 수 없는 요인이다.

실제로 2000년대로 들어서면서 변호사가 단독으로 개업하는 것은 위험한 일이 됐다. 워낙 변호사 업계가 침체된 것도 여기에 영향이 있지만 특히 세금 문제를 관리하기가 어려워서 그렇다. 단독 사무실에선 아무리 철저히 관리해도 세금 문제로 탈이 날 가능성이 크다. 더구나 내심 고위 공직자로 '리턴(return)' 할 것을 염두에 두고 있는 전관에게는 신경을 써야 할 지점이다. 이용훈 전 대법원장 같은 이도 재임 중에 탈세 논란에 휘말렸는데 로펌에 들어가지 않고 변호사 활동을 하는 동안 수임료 일부를 국세청에 신고하지 않고 누락한 것이 사단이 되었다. 그는 대법관과 중앙선거관리위원장을 지내고 퇴임한 뒤 변호사로 개업해 활동하다가 다시 공직으로 돌아와 대법원장을 맡았다. 이제 고위직 판검사들은 퇴임하면서 이런 점을 유념하고 있다. 로펌에 들어가면 이런 '리스크'를 철저하게 관리할 수 있는 장점이 있다. 전관이 로펌을 거쳐 다시 고위 공직자로 돌아오는 경우를 보자. 인사 청문회 등에서 전관이 로펌에서 고수입을 올린 것을 두고 비판받는 경우야 허다하지만 탈세 문제를 지적받는 경우는 찾아보기 힘들다.

특히 '법관과 검사 등은 퇴직 전에 1년 동안 근무한 기관의 관할 사건을 퇴직일로부터 1년간은 수임할 수 없다'는 전관예우금지법(변호사법 제31조 제3항)이 2011년 5월 17일부터 시행된 이후, 고위 법조인의 대형 로펌행이 더욱 노골화되고 있다. 여기에서 통상 사건을 수임하면 팀제로 활동하는 로펌의 특성을 들여다볼 필요가 있다. 로펌에 소속된 전관은 선임계를 내지 않고도 막후에서 자문 역할을 하는 방식으로 사건에 관여하는 게 가능하다. 즉 사건을 맡고 있으면서도 사건을 맡지 않는 것이나 마찬가지인 셈이 되니 전관예우금지법에 전혀 저촉되지 않는다. 그렇다면 로펌이 오히려 전관이 전관예우금지법을 피하는 우회 통로로 악용되고 있는 것이 아닌가.

실제로 최근 서울고등법원에서 퇴임한 부장판사 7명 가운데 6명이 대형 로펌을 선택했다. 지난해 대형 로펌으로 자리를 옮긴 서울중앙지방법원 부장판사 출신인 A 변호사는 "1년 동안 수임을 제한받느니 로펌으로 가는 게 낫겠다는 결론을 내렸다"라고 털어놨다.

" 또 다른 전관 변호사 역시 "로펌에 있으면 내가 근무한 지역이 아닌 곳의 사건들이 많이 들어온다. 전관예우금지법을 거의 신경 쓰지 않고 변호사 활동을 할 수 있다는 점에서 선택했다"라고 말했다. 자기에게 수임이 제한된 지역을 피하느라 굳이 지방으로 내려가 개업하느니 로펌을 가는 게 낫

지 않겠느냐는 것이 퇴직한 법

조인들이 하는 해명이었다.**"**

    상황이 이렇다 보니 최근에는 로펌에게 러브콜을 받지 못한 고위직 판검사들이 자발적으로 로펌의 스카우트 담당에게 문의해오는 경우도 잦아졌다. 이렇게 현직 판검사들이 로펌의 눈치를 본다는 것은 로펌이 권력 기관이 되었다는 말이나 다름없다. 한 고등법원 부장판사는 특정 로펌이 변호를 맡은 사건에서 잇달아 1심 선고를 깨고 로펌 측의 손을 들어주는 바람에 '퇴임 후 그 로펌에 들어가기 위해 사전에 정지 작업을 하는 것 아니냐'라는 뒷말이 회자되기까지 했다.

    이처럼 법조계의 우수한 인재들이 자연스럽게 로펌으로 흡수되는 구조가 만들어지면서 로펌은 바야흐로 전성기를 구가하고 있다. 한 전관 변호사는 이렇게 전망했다. "로펌은 전관을 필요로 하고 전관 역시 로펌에 들어가는 것이 유리한 '윈 윈' 구조가 유지되는 한, 전관들이 로펌에 집중적으로 취업하는 현상은 앞으로도 계속될 수밖에 없을 것이다."

3조 원 법률 시장에서
대형 로펌이
절반을 가져간다

　3조 원 정도의 규모로 추산되는 국내 법률 시장. 종전에 대형 로펌들은 기업 자문 영역에서 대부분의 수입을 올렸었다. 그러다가 2011년을 기점으로 민형사 사건을 가리지 않고 '싹쓸이' 듯 수임하면서 시장을 독식하고 있다. 그동안 한국의 법률 시장에서는 무슨 일이 벌어졌는가.

　대형 로펌들이 법률 시장을 독차지하는 현상은 역설적이게도 2011년 7월 국내 법률 시장이 해외에 개방되면서 본격화됐다. 영미 로펌들은 국내의 글로벌 대기업을 상대로 한 기업 자문 시장에 공략 포인트를 두고 있다. 한국 로펌들은 글로벌 네트워크를 갖춘 이들에게 그동안 자신들이 도맡아 오던 기업 자문 영역을 상당 부분 내줄 수밖에 없을 것이라 판단했다. 다른 영역을 찾아 활로를 모색해야 했다. 기업 인수 합병이나 지적재산권, 특허 소송 같은 영역도 영미 로펌의 활동 무대가 될 테니 여기에서도 한국 로펌들과 수입원이 겹친다. 발등에 불이 떨어진 것이다.

그동안 쌓은 인맥을 활용해 영미 로펌과 정면 승부를 벌일 것인가 아니면 다른 영역을 개척함으로써 수입원을 다양화할 것인가. 대다수의 한국 로펌은 후자를 선택했다. 전 세계에 걸쳐 네트워크를 갖추고 있는 영미 로펌과 정면 승부를 해서는 승산이 없다고 판단한 것이다. 현재 국내에 진출해 있는 영미 로펌은 영국계 3곳과 미국계 13곳, 총 16곳이다. 이 중에는 소속된 변호사의 수만 1000명이 넘는 클리포드 챈스와 디엘에이 파이퍼 같은 초대형 로펌도 포진해 있다. 이후 한국 로펌은 기존 고객인 기업들의 관리에 신경을 쓰면서도 닥쳐올 위기에 대비해 어디서 돈을 벌어야 하는지 살펴보기 시작했다.

이때를 전후해 수익 구조를 다변화하면서 국내 대형 로펌은 형사합의 사건에 주목한다. 거액의 수임료와 성공 보수를 함께 챙길 수 있는 금맥이었다. 대형 로펌의 입장에서도 이미 구축한 '전관 인프라'를 적극 활용하면 판을 키우기에 더없이 좋은 시장이라고 판단한 것이다. 실제로 매년 법원과 검찰의 고위직 전관을 3, 4명씩 영입하던 대형 로펌들은 2011과 2012년에 들어서 그 수를 각각 5-10명 정도로 늘려 활발히 영입했다. 그 효과는 지난해부터 뚜렷이 나타났다.

McDermott
Will & Emery
CLIFFORD
CHANCE
SIMPSON
THACHER
DLA PIPER

대형 로펌의 주요 사건 수임 현황(2012년 기준)

로펌	형사사건	민사사건
김앤장	최태원 SK그룹 회장 계열사 자금 횡령(1심) 이윤재 피죤그룹 회장 청부폭행(항소심) 임석 솔로몬저축은행 회장 전방위 로비(1심)	애플-삼성 특허소송 애플 측(1심)
태평양	김승연 한화그룹 회장 계열사 부당 지원(항소심) 신재민 전 문화체육관광부 차관 뇌물수수(1심)	국민은행 측 근저당비 반환 소송(1심)
광장	이상득 전 국회의원 저축은행 금품수수(1심)	애플-삼성 특허소송 삼성 측(1심)
세종	선종구 하이마트 회장 배임(1심) 이인규 전 총리실 공직윤리지원관 민간인 불법사찰(항소심) 최경수 현대증권 사장 주식워런트증권(ELW) 비리(1심)	삼성가 유산 소송 이건희 회장 측(1심)
율촌	이호진 태광그룹 회장 회사자금 횡령(항소심)	우면산 산사태 소송 주민 측(1심)
화우	최시중 전 방송통신위원장 파이시티 비리(1심) 유동천 제일저축은행 회장 전방위 로비(1심) 국내 최대 성매매업소 YTT 실소유주 김모씨 사건(1심)	삼성가 유산 소송 이맹희 전 회장 측(1심)
바른	이상득 전 국회의원 저축은행 금품수수(1심) 이명박 전 대통령 사촌처남 김재홍씨 저축은행 관련 비리(1심) 권혁 시도상선 회장 역외 탈세(1심) 이국철 SLS그룹 회장 정권실세 로비(1심)	키코(KIKO) 피해 기업 부당이득 반환 소송 원고 측(1심)

108

대형 형사사건을 거의 전담하고 있는 서울중앙지방법원 형사합의부에 지난해 배당된 사건은 총 1853건이었다. 전수조사해 분석해보니, 소송 규모가 작은 개인 횡령과 경합범 사건을 제외한 1000여 건 중에 절반이 넘는 523여 건을 대형 로펌들이 수임한 것으로 파악됐다.

구체적으로 살펴보면 'MB 정권의 로펌'으로 불리던 법무법인 바른이 112건으로 가장 많은 사건을 수임했고, 화우가 89건, 태평양이 77건으로 뒤를 이었다. 광장, 세종, 율촌도 각각 53건, 48건, 44건을 수임했다. 개별 변호사 형태로 사건을 수임하는 바람에 통계에 잡히지 않았지만 김앤장도 100여 건을 수임한 것으로 알려졌다. 바른에 조금 못 미친 결과였다.

비록 통계로 확보되지 않지만, 형사 단독 재판부의 사건에도 대형 로펌들의 이름이 자주 등장한다. 특히 청문회에 출석하지 않아 국회로부터 고발을 당한 정용진 신세계 부회장의 재판이나 대기업 오너의 개인 비리, 정치인이나 사회 저명인사의 형사소송에선 예외 없이 대형 로펌의 변호사들이 사건을 수임한 것으로 나타났다.

서울중앙지방법원 형사합의부의 한 관계자는 로펌의 세

력 확장을 정확히 진단했다. "3년 전만 해도 형사합의 사건
은 이름만 들으면 '아 그 사람' 하고 알던 베테랑 변호사들
이 주로 수임했다. 그런데 전관예우금지법이 실시되고부터
는 큰 사건은 예외 없이 대형 로펌들이 가져가고 있다. 선임
계에 이름은 없지만 퇴직한 지 얼마 안 된 전관 변호사들이
소속된 로펌으로 소송을 끌어오거나 재판 전략을 구성하는
일에 기여하고 있다는 이야기를 자주 듣는다."

　이제 대형 로펌의 손길은 대여금·약정금 소송 같은 일반
민사사건에까지 뻗치고 있다. 이른바 문어발식 확장을 일삼
고 있다. 특히 일반 민사소송의 당사자들을 끌어들이는 과
정에서 '덤핑' 전략을 쓰는 경우가 이어지면서 대형 로펌에
대한 업계의 원성은 나날이 높아지고 있다. 심지어 중소형
로펌이 사건을 수임한 상태라도 '할인가'를 제시하며 다가
가 급기야 고객을 빼앗아 가는 경우가 빈번해 동료 변호사
들한테 빈축을 사고 있다. 중형 로펌의 한 민사소송 전문 변
호사는 자기가 당한 경험을 토로하며 목소리를 높였다." 고
객들이 대형 로펌에서 수임료를 1000만 원 정도 더 싸게 해
주겠다고 연락이 왔다라며 계약을 안 하는 경우가 최근 2년
사이 셀 수도 없을 정도다. 대형 로펌이 형사합의 사건에 이

어 일반 민사사건까지 다 가져가면 다른 변호사들은 어떻게 먹고 살란 말이냐."

그렇다면 국내 대형 로펌들이 법률 시장에서 차지하는 비율은 얼마나 될까. 대형 로펌들이 매출액을 정확히 공개하지 않아 정확한 수치를 산출하기 어렵지만, 법률 시장의 매출액의 50퍼센트는 이들 로펌이 가져간다는 게 법조계의 중론이다. 대한변호사협회의 한 고위 간부는 "전관예우금지법이 시행된 2011년 이후 대부분의 전관들이 대형 로펌에 들어가면서 그 영향으로 기업 자문 영역 말고도 민형사 사건에서 대형 로펌의 매출이 상당히 늘고 있다"라며 "법률 시장 전체 매출액의 절반은 이들이 가져갔을 것"이라고 말했다. 이름을 밝히기를 꺼려하는 한 대형 로펌의 대표 변호사는 법률 시장의 지배 구조에 대해 의미심장한 발언을 했다. "적어도 영미 로펌이 국내 법률 시장에서 완전히 자리 잡기 전까지는 지금의 구도가 계속될 것으로 예상된다. 또 전관 효과가 여전히 남아 있는 한 영미 로펌이 본격적으로 활동하더라도 수익이 급감하지 않을 것이란 자신감이 있다."

단독 개업 변호사들은
'맡을 사건이 없어요'

"3개월 동안 부가가치세 5만 원을 냈을 뿐이다. 사무실에 출근해도 할 일이 없으니 아침에 깨면 눈을 뜨기 싫을 정도였다."

해외에 법률 시장이 개방되고 로스쿨 졸업생이 배출되면서 변호사 업계에 지각변동이 일어나리라 예상했지만 대형 로펌은 흔들림 없이 전성기를 구가하고 있다. 단독 사무실을 연 변호사들만 죽어나고 있다. 이들은 '맡을 사건이 없어 고사 직전의 상황'이라고 입을 모은다. 변호사 여럿이 사무실만 공유하고 채산은 독립적으로 하는 중소 규모의 로펌도 사정은 마찬가지다.

법조 타운이 형성돼 있는 서초동에 사무실을 내고 개업한 지 5년이 된 A 변호사는 지난해 1-3월 3개월간 부가가치세로 고작 5만 원을 냈을 뿐이다. 법률 상담을 한 번 한 것 말고는 3개월 내내 사건을 한 건도 맡지 못해 수입이 50만 원에 불과했던 것이다. 매출은 없는데 고정비용은 자꾸 나갔다. 사무실 임대료 월 200만 원, 사무직원의 월급 180만 원에 사무실 관리비까지 합치면 아무리 손님 접대비를 최소화하더라도 매달 400만 원 가까운 돈이 나갔다. "급기야는 기름 값과 보험료도 부담이 되기에 타고 다니던 그랜저 차량을 내다 팔았다. 사무실이 곧 망할 것이라고 생각한 직원이 매일 구인 구직 광고만 들여다보고 있는데도 민망해서 꾸중도 못했다. 그래도 나는 사정이 나은 편이라고 생각한다. 한 여성 변호사는 6개월 넘도록 사건이 들어오지 않자 결국 사무실을 정리하고 대형 마트에서 캐셔(수납원)로 일한다는 소문이 돌았다."

물론 단독 개업 변호사들이 모두 A 변호사처럼 생계에 위협을 받을 정도로 쪼들리는 것은 아니지만 전반적으로 예전보다 수입이 줄어든 건 분명하다. 이러한 상황에 처한 변호사들은 허리띠를 졸라매는 것이 선택이 아닌 필수가 됐다. 그러면서 몇 년 전부터 비용을 절감하기 위해 변호사 2, 3명이 비서 1명을 공동으로 쓰는 사무실이 늘어났다. 비서를 쓰지 않는 경우엔 변호사가 문서 수발, 사무실 청소, 복사기 수리까지 혼자서 다 하고 있었다.

사건을 변호사에게 물어다주고 수수료를 챙기는 법조계 브로커들의 꾐에 빠져 고생하는 변호사들도 많아졌다. 서초동에 사무실을 둔 한 7년차 변호사의 말을 들어보면 이런 악순환은 심각해 보인다. "브로커가 사건 수임료의 30퍼센트를 요구하는 것이 기본이라 변호사 입장에서는 일을 많이 해도 돈이 잘 모이지 않는다. 브로커와의 거래가 불법이고 수지 타산도 맞지 않는 것은 잘 알지만 요즘처럼 경기가 좋지 않을 때는 브로커를 찾지 않을 도리가 없다. 경영 상태가 좋지 않은 변호사들일수록 브로커의 유혹에 빠지기 쉽다."

아예 대형 로펌의 영향력이 덜한 지방으로 옮겨가는 변호사들도 있다. 이른바 '서초동 엑소더스(탈출)' 현상이다. 올해에만 벌써 변호사 16명이 서초동 법조 타운을 떠나 인천과 수원 같은 경기 지역에 새로 사무실을 열었다. 한 변호사는 "지방도 전관들이 꽉 잡고 있어서 사건 수임이 쉽지 않지만 대형 로펌이 장악한 서초동보다는 나을 거라는 기대를 가지고 지방으로 발걸음을 돌린 변호사들이 꽤 있다"라고 전했다.

> **"**최근에는 로스쿨 출신 변호사들이 모여 '반값 수임료'를 내걸고 영업을 시작했고, 전에는

거들떠보지도 않던 법무사 일을 변호사들이 수임하는 경우가 잦아져 법무사들의 원성을 사기도 한다. 안정적인 수입을 위해 기업체의 법무팀이나 지방자치단체에 취업하는 변호사들도 늘고 있다. 법원에 소속되어 국선 변호만 담당하는 국선 전담 변호사의 경쟁률도 지난해 9.46대 1을 기록할 정도로 인기가 높아졌다."

남상욱 — 왜 전관들이 단독으로 변호사 사무실을 열지 않고 로펌행을 선택하는지에 대해 이야기해보겠습니다. 전관예우를 비판하는 목소리가 한두 번 나오는 것도 아니고 지속적으로 제기되는 문제 아닙니까. 전관들도 이런 여론을 다 알고 있을 텐데요. 속된 말로 하면 전관들은 욕먹을 줄 뻔히 알면서 왜 로펌행을 택하는가, 이런 질문이 나올 수밖에 없습니다. 대형 로펌에 취업해서 얻는 이득이 크기 때문입니까. 그렇게 쉽게 답을 떠올릴 수 있겠습니다만, 어떻게들 생각하십니까?

이성택 — 간단히 말해 '누이 좋고 매부 좋고'가 아닐까 합니다. 전관 입장에서는 사실 김앤장이나 율촌 같은 대형 로펌에 취업하면 변호 활동의 질이 달라집니다. 단독으로 사무실을 내고 나서 이 사람 저 사람 만나가며 사건을 따오는 것과는 차원이 다릅니다. 전관으로 분류될 정도의 고위직 출신이라면 사건을 들고 찾아오는 사람이 많겠지만, 그건 대형 로펌에 들어가더라도 줄지 않습니다. 오히려 대형 로펌의 간판을 자기 명함에 넣을 수 있는 이점이 생깁니다. 로펌 입장에서도 잘된 일입니다. 전관 변호사를 여럿 확보해서 다양한 분야를 다룰 수 있다면 로펌 전체 차원에서 사건을 수임하거나 변호 활동을 하는 데 큰 이득이 됩니다. 한마디로 말하자면 양쪽이 서로 이해관계가 맞아떨어지는 겁니다.

김영화 ── 안 그래도 힘이 센 로펌이 전관을 블랙홀처럼 빨아들이기 시작하면서 한국 사회에서 무시할 수 없는 하나의 세력이 됐습니다. 이제 그 힘으로 공직 사회에 악영향을 미치고 있습니다. 최근 법관 인사를 앞두고 고등법원 부장판사급이 무더기로 사직했습니다. 고등법원 부장판사라면 일반 공무원으로 쳐서 차관 대우를 받는 사람들입니다. 한꺼번에 그만둔 경우가 이례적이라 주목을 받았지만, 그보다는 이들 대부분이 로펌에 재취업했다는 점이 눈길을 끌었습니다. 그때 이들의 로펌행에 대해 분석해볼 필요를 느꼈습니다.

전관예우금지법이라는 게 있습니다. 전관이 퇴직하기 직전 1년 동안 근무했던 법원이나 검찰의 관할 사건을 1년간 수임하지 못하도록 하는 게 그 내용인데, 판검사들이 이 법을 상당히 부담스러워합니다. 이런 경우가 있습니다. 가령 서울중앙지방법원에서 근무하던 판사가 지난해 3월 4일에 인사 발령이 나서 특허법원으로 갔다가 그다음에 퇴임했다

고 칩시다. 그런데 법원은 아무 때나 사표를 수리하는 게 아
니고 정기 인사 때 한꺼번에 받는 방식이거든요. 마침 정기
인사가 올해 3월 2일자에 있었다면 이 전관은 난처한 상황
에 빠지는 겁니다. 퇴직일로부터 1년 전에 근무한 기관이 직

전 근무지인 특허법원은 물론이고 서울중앙지방법원까지 해당되니 덩달아 이곳의 사건까지 맡지 못하게 되는 일이 벌어집니다. 전관으로선 굉장한 손해를 보는 겁니다. 다시 말하는데 전관예우금지법으로 전관들은 상당한 압박을 받습니다. 그럴 때 로펌에 들어가면 팀제로 변호 활동을 하기 때문에 전관으로선 수임 변호사의 명단에 자신의 이름을 올리지 않은 채 충분히 조언이나 코치를 하면서도 수익을 얻는 게 가능해집니다. 즉 전관예우금지법에 상관없이 수익 활동을 할 수 있게 됩니다. 전관에게 로펌행은 매력적인 선택이 되어 있습니다. 실제로 이런 이유에서 전관들이 로펌에 들어간다는 말을 많이 합니다.

남상욱 —— 저도 그런 얘기를 많이 들었습니다. 실제로 그렇게 수임 지역 제한이 두 곳이나 걸린 적이 있었다더군요. 이제 그런 경우에는 날짜를 조정해달라고 건의하는 모양입니다. 당시에도 전관들 몇몇이 그만두기 전에 거세게 항의해서 날짜를 조정받기도 했다는 후문이 있었습니다. 검찰에서는 이런 경우도 있습니다. 지금 퇴임하면 전관예우금지법 때문에 수임 지역 제한을 받으니까 사전에 양해를 구하고 퇴직일을 조정하는 겁니다. 작년에 2월 28일에 인사가 있었다면 그 이후에 퇴직하게 해달라는 겁니다. 전관예우금지법에 부담을 느끼는 건 검찰이나 법원 쪽이나 매한가지인 것 같습니다. 그렇다면 전관예우금지법을 회피하기 위해서라는 것, 그 밖에 다른 이유는 없을까요?

김청환 — 돈벌이가 좋다는 점을 무시할 수 없습니다. 물론 단독으로 변호사 개업을 해서 몇 달 만에 수십억 원을 벌었다는 전관도 있습니다. 정치인이나 기업인들의 뇌물, 횡령 같은 범죄를 주로 수사하는 검찰 특수부 출신 중에 그런 사람들이 있긴 합니다. 그렇더라도 전관들이 로펌에 가면 수고를 덜 하면서 고수익을 올릴 수 있다는 장점이 있습니다.

강철원 — 단독으로 개업하면 전관 스스로 사무실을 관리해야 할 텐데 그런 부담이 없어지겠죠. 한 고위직 검사 출신 전관이 그런 말을 하는 걸 들은 적이 있습니다. "사무실 관리를 안 해도 되고 세금 업무도 다 알아서 챙겨주니 참 좋더라." 특히 나중에 다시 공직으로 돌아올 것을 마음에 두고 있는 전관이라면 당연히 로펌행을 선택할 겁니다. 적어도 탈세 문제로 논란이 생길 여지가 없을 테니까요.

남상욱 ── 로펌이라는 곳이 단순히 법조인만 영입하는 게 아
니고 다른 공직자들도 많이 영입하지 않습니까. 조금 다른
이야기지만, 저희가 로펌에 소속된 전관을 분석하는데 군인
출신도 꽤 있어서 의아하다는 생각을 했었습니다. 군 출신
전관들의 문제가 심각하다고 말하는 사람들도 있는데요. 이
들은 법조계 전관들과는 조금 다르지 않을까 싶은데 어떻습
니까?

김혜영 ── 군 출신 전관들은 보통 방위산업체 쪽으로 많이
취업하는데 일부는 로펌에 들어갑니다. 미국에서는 로펌들
이 군 출신 전관을 영입해서 전문성을 홍보하는 경우가 많
은데, 한국의 로펌들도 군 장성 출신 전관을 군수산업이나
방위산업체의 합병 같은 영역에 투입해 전문 인력을 확보하
고 있음을 내세우고 있습니다. 그런데 로펌이 군 전관이 아
니고서는 알 수 없는 군 내부의 기밀 정보가 외부로 유출되
는 그 통로가 되는 것 아니냐는 지적이 있습니다. 이분들 역
시 고액의 보수를 받는 건 법조계 전관들과 매한가지인데 여

기에 플러스알파가 좀 더 있습니다. 고위 장성 출신이라면 현직에 있을 때 군사 기밀을 많이 접해봤지 않았겠습니까. 록히드마틴사 같은 외국 방위산업체는 한국인 장성 출신을 고문으로 데려가는 경우가 많은데 그런 정보에 대한 값을 내면서 군 출신 전관을 영입하는 겁니다. 한국군 내부의 인맥을 확보하는 차원에서 보면 아까울 리가 없습니다.

정재호 —— 좀 더 구조적으로 살펴봤으면 합니다. 대형 로펌이 본격적으로 전관을 영입하면서 논란이 된 것이 2011년이었습니다. 그전까지는 한 해에 전관을 평균 4, 5명 정도 영입했는데 2011년부터는 그 수가 10명을 넘기 시작했습니다. 여기에 무슨 숨은 사정이 있는가. 로펌 쪽의 말을 들어보면 수익 구조의 다변화 때문이라는 대답이 가장 많습니다. 주로 소송에서 변호 활동을 하거나 법률 자문을 하는 게 로펌의 주 업무고 대부분의 수익을 그 대가로 얻어내는 것일 텐데 로펌이 수익 구조를 다변화할 이유가 있었을까. 그 이유로 로펌은 의외로 법률 시장 개방을 첫손에 꼽았습니다. 사실 그전까지 김앤장 같은 대형 로펌들의 수익 중에서 가장 비중이 컸던 것이 기업 자문 영역이었습니다. 외국계 기업이 국내 기업을 합병하기 위해 활발히 뛰어들 때나 기업 간에 소송 다툼이 있을 때 법률 자문을 해주면서 성장한 곳이 로펌 아닙니까. 외국계 로펌이 국내에 진출하면 기업 자문 영역을 먼저 공략할 거라는 위기감이 생겨났습니다. 특히 외국계 기업 쪽의 자문은 외국 로펌이 독차지한다고 봤습니다. 이러한 상황에서 로펌들은 전관을 영입해 국내의 일반 소송에도 뛰어들어보자는 결론을 내립니다. 평소엔 거들떠보지도 않던 형사사건에도 뛰어드는 겁니다.

실제로 통계 자료를 보면 이런 추세가 사실임을 알 수 있습니다. 지난해 서울중앙지방법원은 1800여 건의 대형 형사사건을 다루었습니다. 그중에 대형 로펌이 변호를 맡은 사건이 무려 523건이나 됩니다. 물론 이 가운데에는 전관이 맡은 사건도 있을 테고 아닌 경우도 있겠지만 법조계에서는 로펌이 전관의 영입을 늘린 시점과 로펌이 활동 영역을 확장한 때가 어느 정도 일치한다고 보고 있습니다. 이렇게 로펌은 전관이 필요했고 그만큼 대우를 해줄 수밖에 없는 상황이었던 겁니다. 그리고 전관으로서는 좋은 조건을 제시하는 로펌의 제안을 마다할 이유가 없었을 테고.

남상욱 — 그렇다면 실제로 로펌이 돈을 많이 버는지 궁금합니다. 전관들이 한두 명도 아닐 텐데 이들을 고용하려면 당연히 로펌의 수입이 대단하겠죠.

정재호 — 로펌의 수입에 대한 정확한 통계 수치는 나오지 않고 있습니다. 다만 업계는 2, 3년 전부터 민형사 사건의 상당수를 대형 로펌이 수임했고 증가세로 보자면 절반가량은 대형 로펌이 먹고 있는 것 아니냐 그렇게 추정하고 있습니다.

강철원 — 그래서 든 생각인데 대형 로펌이 사회적 파장이 큰 사건을 주로 맡지 않습니까. 그런 측면을 생각하면 로펌 측도 여론의 향방이나 정의에 좀 더 신경을 써야 합니다. 대형 로펌이 공익적 활동을 하도록 유도하는 법적 장치가 필요해 보입니다.

전관리턴사회,
해법은 없는가

이제 대형 로펌들은 그야말로 '전관집합소(前官集合所)'가 되어버렸다. 그렇다면 이들의 로비 기업화를 막을 방안은 없을까. 공직 사회를 잠식하고 사법부에 대한 신뢰를 갉아먹는 전관예우, 이를 방지할 해법은 없을까. 전관들이 고위 공직으로 돌아오는 '리턴 인사'가 계속되면서 급기야 공직 사회 전체가 사기업의 눈치를 보고 있는 이즈음 한국 사회는 '전관리턴사회'로 변질된 것은 아닌가.

　전관예우라는 한국 사회의 뿌리 깊은 고질을 치유할 방안은 매우 난해해 보인다. 전관의 로펌행과 이들의 로비 활동, 청탁이 통하는 공직 사회의 문화, 전관의 고위직 복귀 등이 복잡하게 얽혀 있어 어느 하나도 뿌리 뽑기 쉬운 것이 없기 때문이다. 지금 당장 공직 사회가 부딪친 난제다. 하지만 많은 전문가들은 공직자윤리법과 변호사법을 개정해 규제를 강화하고, '공직자의 부정청탁금지 및 이해충돌방지법'(김영란법)을 새로 입법하는 두 작업만으로도 적잖은 문제들이 해결되리라고 잘라 말한다.

> 해법이 '공직자윤리법과 변호
> 사법의 강화'와 '이해충돌방

지법의 제정'으로 간명하게
요약되는 셈이다. 사법연수원
기수 중심의 위계 문화까지 얽
히고설킨 법조계의 전관예우
문제 역시 같은 틀에서 풀어나
가되, 장기적으로 법조일원화
와 평생법관제를 정착시켜서
해결해야 한다는 것이 전문가
들의 공통된 제안이다.

공직자윤리법,
어디가 문제인가

가장 시급한 문제는 퇴직 공무원이 재취업할 때 업체와 분
야를 제한하는 제도부터 손질하는 것이다. 현행 공직자윤리
법 제17조 제1항은 '공무원과 공직 유관 단체의 임직원은
퇴직 전 5년 동안 소속했던 부서의 업무와 관련된 사기업에
퇴직 후 2년 동안 취업할 수 없다' 고 규정하고 있다. 하지만

서울의 한 대형 로펌 사무
실. 대형 로펌이 전관들이
다시 공직으로 돌아가는
'리턴 인사'의 중간 다리 구
실을 하는 현실을 개선해
야 한다는 목소리가 높다.

'취업'의 의미가 무척 소극적으로 해석
되어 적용되는 통에 이 규제가 유명무실
하다는 지적이 많다. 예를 들어 퇴직자
가 컨설팅이나 고문 같은 명목으로 사기
업한테 수수료를 받는 경우 이를 취업으
로 보지 않고 있어 고문료 수수를 제한
할 방법이 전혀 없게 되는 셈이다.

또 현직에 있을 때의 업무와 관련성이 커서 취업이 불가능한 업체라 하더라도 그 업체의 규모를 '자본금 50억 원 이상이면서 동시에 외형 거래가 연간 150억 원 이상인 법무법인, 회계법인, 세무법인 등'으로 한정하고 있기 때문에(공직자윤리법 제17조 제1항, 공직자윤리법 시행령 제33조), 로펌의 자본금이 50억이 되지 않는 이상 관련 분야의 퇴임 공직자가 로펌에 재취업하는 데는 아무런 제약이 없다. 대형 로펌이라 해도 자본금의 규모를 이보다 작게 설정한다면 퇴임 공직자가 취업을 제한받는 대상 기업에 포함되지 않게 되고 이러한 법의 허점을 이용해 공직자가 퇴직 후 고액의 연봉을 받을 수 있는 로펌으로 몰려가는 길이 열리는 것이다.

무엇보다 문제가 되는 것은 취업이 제한되는 부서, 즉 밀접한 관련성이 있는 업무의 범위에 대한 규정이 제한적이라 퇴임 공직자가 법망을 피해가는 것이 굉장히 쉽다는 점이다. 그렇다 보니 퇴임 공직자가 업무 관련성을 자의적으로 판단해 공직자윤리위원회의 취업 심사를 받지 않고 임의로 재취업하는 사례가 늘고 있다. 이러한 임의 취업자들을 처벌하기 위한 법 조항(공직자윤리법 제30조 '취업 심사를 받지 않고 임의로 사기업에 취업한 퇴직 공무원에겐 1000만 원

이하의 과태료를 부과한다')이 있지만 현재까지 처벌 실적은 미미해서 실효성이 떨어진다. 공직자윤리법 제17조 제2항에 의하면 공직자가 퇴직 전 5년간 다음과 같은 업무를 취급했을 경우 관련 업체로 재취업하는 것은 금지된다.

1. 직접 또는 간접으로 보조금·장려금·조성금 등을 배정·지급하는 등 재정 보조를 제공하는 업무

2. 인가·허가·면허·특허·승인 등에 직접 관계되는 업무

3. 생산 방식·규격·경리 등에 대한 검사·감사에 직접 관계되는 업무

4. 조세의 조사·부과·징수에 직접 관계되는 업무

5. 공사 또는 물품 구입의 계약·검사·검수에 직접 관계되는 업무

6. 법령에 근거하여 직접 감독하는 업무

7. 사기업체 등이 당사자이거나 직접적인 이해관계를 가지는 사건의 수사 및 심리·심판과 관계되는 업무

8. 그 밖에 국회규칙, 대법원규칙, 헌법재판소규칙, 중앙선거관리위원회규칙 또는 대통령령으로 정하는 업무

이처럼 취업이 제한되는 부서의 업무가 '인가, 허가, 면허, 승인에 관계된 업무'로만 정해져 있어 대개 총괄이나 기획 업무 등을 맡은 고위 공직자의 경우 오히려 법의 제한 조치 로부터 자유로워지는 모순이 발생하는 셈이다. 현 공직 사회에서 이 취업 제한 조치를 피하기 위해 벌어지는 행태는 그야말로 다양해 보인다. 이를테면 10여 년간 은행 감독 업무를 하던 공직자가 퇴직을 앞두고 5년 전부터 총무 부서에서 일한 뒤 관할 공직자윤리위원회의 심사를 통과해 은행에 재취업한다. 은행권 감독 업무를 하던 공직자가 퇴직해 비은행권인 증권사에 재취업한다. 이른바 '경력 세탁'은 이제 공직 사회에서 비일비재하다. 또 취업이 제한되는 사기업체에 취업하고자 하는 경우 공직자윤리위원회의 심사를 받아야 하지만 이 심사라는 게 거의 떨어진 사람이 없을 정도로 허술하기 그지없다.

앞에서 살펴본 바대로 전관예우금지법(변호사법 제31조)에 의해 고위 법관이나 검사도 퇴직 후 1년간 수임 지역을 제한받지만 로펌의 고문 변호사 같은 직함으로 재취업할 경우 이를 제약할 방법이 없다. 더욱이 공직자윤리법을 면밀히 살펴보면 퇴임한 고위 공직자가 재취업할 경우에는 취업

심사를 받아야 하는데도 고위 법관과 검사는 여기에 적용되지 않는다. 공직자윤리법 제17조 제6항에 '변호사, 회계사, 세무사 자격증 소지자가 각각 법무 법인 등, 회계 법인, 세무 법인에 취업하는 경우에는 취업 심사 없이 취업이 가능하다'는 제외 조항을 두고 있기 때문이다. 변호사 자격증을 가진 전관이 로펌에 들어가 고문이나 자문 위원으로서 하는 업무가 과연 재직 당시의 업무와 밀접한 관련성이 있는지 여부를 따져볼 기회, 아니 애당초 심사해볼 여지조차 없는 것이다.

> 또한 지난해 6월 법무부가 전관 변호사가 수임 제한을 위반한 사례를 적발하기 위해 공직 퇴임 변호사 수임 제한 위반 신고 센터를 설치했지만, 신고된 사례는 손가락으로 꼽을 정도로 드물었고 더군다나 실정법 위반으로 밝혀진 것은 한 건도 없었다.

현행 공직자윤리법의 퇴임 공직자 취업 제한 규정

대상	민간 기업 취업 제한 규정
– 4급 이상 공무원 – 경찰, 소방, 감사 및 조세, 건축, 토목 등 인허가 부서에 근무한 5~7급 공무원 – 공직유관단체 임원(상근 이사 · 감사 이상), 일부 공직유관단체(금융감독원, 한국은행, 예금보험공사) 직원	공직자윤리위원회의 심사를 거쳐 업무 관련성이 없으면 취업 가능
변호사, 회계사, 세무사 자격증을 가진 공무원	각각 법무법인 등, 회계법인, 세무법인에 취업할 때는 취업 심사 없이 취업 가능
국무총리, 국무위원, 행정 각부의 차관, 중앙행정기관의 장	자격증이 있더라도 사전 취업 심사 대상

이를 보면 과연 현행법상 전관예우를 규제할 수 있는 길이 열려 있는지 다시 한 번 의구심을 갖게 된다. 참여연대 행정감시센터의 소장인 장유식 변호사는 대책 마련에 대해 이렇게 말했다. "공직자윤리법을 개정해 퇴직 전 업무와 이해관계가 충돌하는 행위를 좀 더 촘촘하게 제한해야 한다. 행

정안전부가 개선책으로 내놓은 자격증 심사도 하나의 대안
이 될 수 있다. 또 최근 대형 로펌들이 경쟁력을 강화하기보
다는 전관을 영입해 민형사 사건을 싹쓸이하는 일에 집중하
고 있는 이상 이를 규제할 수 있는지, 대책은 무엇인지 연구
해볼 필요가 있다."

올해 '김영란법' 입법이 가능할까

전관예우의 가장 큰 폐해는 전관들이 사기업에서 고액의
연봉을 받으면서 공직자에게 청탁 등을 일삼아 공정한 업무
수행을 방해한다는 점이다. 이 때문에 퇴직 후 취업 제한뿐만
아니라 행위 제한까지 철저히 하기 위해 '청탁 신고제'를 도
입해야 한다는 지적이 나온다.

장정욱 참여연대 시민감시2팀장은 "전직 관료가 현직 공
무원, 검사, 판사 등에게 정보를 먼저 알려달라거나 선처해
달라는 식의 부탁을 해왔을 때 현직 관료가 '저 큰일납니
다' 하고 거절해야 하는데 솔직히 큰일 날 일이 없다는 것 자

체가 문제" 라고 꼬집었다. 현행 공직자윤리법 제18조의4에서 '퇴직한 모든 공무원은 퇴직 전 소속 기관의 임직원에게 부정한 청탁 또는 알선을 금지하고, 청탁을 받은 경우 이를 기관장에게 신고' 하도록 규정하고 있지만, 현장에서 이를 실천하는 공직자는 거의 없다. 검찰과 법원의 내부에서도 이런 신고는 관행상 자연스러운 행위로 여겨지지 않는다. 신고를 꼭 해야 한다거나 신고하지 않을 경우에 어떤 불이익을 받는다는 식의 구체적인 규정이 없는 데다가, 청탁을 해온 전관이 현직에 있는 고위직과 동기 아니면 직속 선후배 사이이기 쉽고, 함께 근무한 인연 등까지 엮여 있기 일쑤인데 무턱대고 청탁 사실을 위에 신고할 공직자는 없다.

특히 청탁한 장본인이 정부 부처의 장관이나 국무총리 같은 고위직으로 귀환할 가능성이 높은 전관이라면 애당초 신고 자체를 염두에 두지 못한다. 현직 공무원의 입장에서는 공익적 신고라 하더라도 그로 인해 자기가 인사상 불이익을 받을 게 불 보듯 뻔한 상황이라면 신고를 한다는 게 애당초 이상한 일인 셈이다. 그러므로 청탁이든 전화든 기준을 정해 반드시 기록으로 남겨 신고하도록 하는 문화부터 정착시키고 이를 어길 경우에는 징계하고 처벌하는 규정을 마련해

전관예우 방지 제도의 한계와 대안

현행 제도	전문가의 진단 및 대안
취업심사 대상 공직자는 퇴직 전 5년간 소속된 부서의 업무와 밀접한 관련이 있는 사기업 등에 퇴직일로부터 2년간 취업하지 못함. 공직자윤리위의 승인을 받는 경우는 예외(공직자윤리법 제17조)	자문 계약 형태로 일하는 것은 막을 방법이 없는 등 '취업'의 범위가 모호하고, 승인 심사도 허술함 → 이해관계 충돌 행위와 금지 기간을 구체적으로 정하고 위원회의 심사를 강화
퇴직한 공무원은 전 소속기관 임직원에게 공정한 직무수행을 저해하는 청탁이나 알선을 해선 안 되며, 청탁 등을 받은 공무원은 소속기관장에게 신고해야 함(공직자윤리법 제18조의4)	신고와 징계 모두 사실상 전무한 상황 → 신고 누락에 대한 징계와 처벌을 구체적으로 정해 신고를 의무화하고, 공무원 상대로 관련 규정을 교육
법관, 검사 등은 퇴직 전 1년간 근무한 법원, 검찰청 등이 처리하는 사건을 퇴직 후 1년간 수임하지 못함(변호사법 제31조)	고위 법관이나 검사장 등의 로펌행에 관련된 규정이 없고, 선임계를 내지 않는 전화 변론 등을 막을 방법이 없음 → 청탁신고제, 취업심사제를 강화
로펌 등 사기업체에 종사하던 전관이 다시 고위공직자로 돌아오는 현상을 방지할 방안이 없음	공직자의 부정 청탁 및 이해충돌 방지법(김영란법)을 입법해 공직 복귀를 제한하고, 이해충돌심사제를 도입해 문제 없는 경우에만 '리턴인사' 허용

퇴직 전 업무와 관련된 업체 · 협회에 취업한 공직자

연도	조사 대상	관련 업체 · 협회 취업자	취업 제한 업체 · 협회 취업자
2008	109명	67명(61퍼센트)	11명(10퍼센트)
2009	152명	82명(54퍼센트)	22명(14퍼센트)
2010	130명	81명(62퍼센트)	44명(34퍼센트)
2011	125명	74명(59퍼센트)	29명(23퍼센트)
2012	172명	103명(60퍼센트)	61명(35퍼센트)

*조사 대상은 정부 공직자윤리위원회에 취업 확인을 요청한 공직자 중 직무 특성상 판단이 어려운 경우를 제외한 수치. 자료: 참여연대

선례를 쌓아가야 한다. 또 이를 정착시키기 위해서는 국민권익위원회가 마련한 '공직자의 부정청탁금지 및 이해충돌방지법'을 입법해야 한다는 요구가 크다.

국민권익위원회는 지난해 김영란 위원장이 재직할 당시이 법의 입법을 예고했다가 법무부의 반대에 부딪쳐 고배를 마셨다. 하지만 '국민들의 의혹과 불신을 초래하는 부정 청탁 관행, 금품 수수 행위, 사익 추구 행위 등 부패 행위의 근원적 요인을 차단하겠다'라는 취지를 앞세워 올해 다시 상반기 안으로 국회에 제출해 입법화를 관철시키겠다고 각오를 다지고 있다. 국민권익위원회가 밝힌 법안의 주요 내용

은 다음과 같다.

【 부정 청탁의 금지 】

  부정 청탁의 개념(안 제2조 제5호): 특정 직무를 수행하는 공직자에게 법령을 위반하게 하거나 지위와 권한을 남용하게 하는 등 공정한 직무 수행을 저해하는 청탁 또는 알선 행위(다만 직무의 진행 상황이나 조치 결과 등에 대해 확인하고 문의하는 행위, 고충 민원을 해결해달라고 요구하는 행위, 공공 기관이 의견 조회나 자료 제출을 요구해와 의견 등을 제출하는 행위 등은 부정 청탁에 해당하지 않는 것으로 규정한다).

  공직자에 대한 부정 청탁 금지(안 제8조, 제34조): 공직자가 수행하는 직무에 대해 제3자를 통해 부정 청탁하는 것을 금지하고 위반 시 과태료를 부과한다(이해 당사자가 자신의 일에 대해 직접 부탁하고 청탁하는 것은 공공 기관과 국민 사이의 의사소통 확보의 차원에서 제재 대상인 부정 청탁에서 제외한다).

—이해 당사자가 제3자를 통해 부정 청탁을 하는 경우(1000

만 원 이하의 과태료)

—제3자가 공직자에게 직간접적으로 부정 청탁을 하는 경우
(2000만 원 이하의 과태료)

—제3자인 공직자가 다른 공직자에게 부정 청탁을 하는 경
우(3000만 원 이하의 과태료)

부정 청탁에 따른 직무 수행 금지(안 제9조, 제33조 제2항
제1호): 공직자가 부정 청탁에 따라 위법하고 부당하게 직무
를 수행하는 것을 금지하고 위반 시에는 형사 처벌한다(2년
이하의 징역 또는 2000만 원 이하 벌금).

부정 청탁 신고 · 처리 절차 규정(안 제10조): 공직자가 부
정 청탁을 받은 경우 거절의 의사를 명확히 표시하도록 하
고, 부정 청탁이 거듭 반복되는 경우 소속 기관장에게 신고
등 처리 절차를 마련한다. 소속 기관장에 신고가 곤란한 경
우에는 감독 기관, 수사 기관, 국민권익위원회에 신고한다.

【 금품 등 수수 금지 】

공직자의 금품 등 수수 금지(안 제11조, 제32조, 제34조 제
4항 제1호): 직무상의 관련 여부나 기부와 후원 같은 명목 여

하를 불문하고 공직자가 사업자나 다른 공직자를 포함한 어느 누구로부터도 일체의 금품 등을 받거나 요구 또는 약속하는 것을 금한다(다만 소속 기관에서 지급받는 보수, 통상적인 사교나 의례상 제공되는 일정 금액 이하의 금품, 사적 거래로 인한 채무 이행 등 정당한 권원에 의해 제공되는 금품, 친족이 부조의 목적으로 제공하는 경조금품 · 치료비 · 주거비 등, 친구 등 특별한 연고 관계에 있는 자가 제공하는 경조 금품 등은 허용한다).

―금품 등의 가액이 100만 원 초과인 경우 형사 처벌(3년 이하 징역, 수수한 금품의 5배 이하의 벌금)
―금품 등의 가액이 100만 원 이하인 경우 과태료·징계 부과

공직자에 대한 금품 등 제공 행위 금지(안 제11조 제3항): 누구든지 공직자에게 금지된 금품 등을 직간접적으로 기부나 후원 그 밖의 어떠한 명목으로도 제공, 약속하거나 또는 제공의 의사를 표시하는 것을 금한다.
금지된 금품 등에 대한 처리 절차 마련(안 제14조): 공직자가 금지된 금품 등을 제공받은 경우 이를 제공자에게 반

환하거나 소속 기관장에게 인도하는 등 처리 절차를 준수해야 한다.

【 공직자의 이해충돌 방지 】

사적 이해관계가 있는 직무 수행 금지(안 제15조, 제16조): 공직자가 자신이나 가족, 친족 등과 이해관계가 있는 직무를 수행하는 것을 금지하고, 제척·기피·회피 제도를 마련함으로써 공정한 직무 수행을 담보한다. 차관급 이상의 공직자, 지방자치단체장, 공공 기관의 장 등 고위 공직자가 신규로 임용되는 경우에 민간 부문 재직 시의 이해관계를 신고하고, 이해관계가 있는 직무에 일정 기간 동안 참여를 금한다.

공정한 직무 수행을 저해하는 외부 활동 제한(안 제17조): 공직자가 직무 권한과 관련된 사업이나 영리 행위를 사실상 관리·운영하거나, 사업자에게 노무나 조언·자문을 제공하고 대가를 받는 행위 등을 금한다.

사업자 등과의 거래 제한(안 제18조): 공직자가 특정 직무와 관계되는 사업자로부터 금전을 차용·대부하거나, 시세보다 저렴한 가격으로 부동산을 거래하는 등 부정한 거래를 통해 재산 증식을 도모하거나 편법적으로 금품을 수수하는 행위를 금한다.

소속 기관 등에 가족 채용, 계약 체결 금지(안 제19조, 제20조): 고위 공직자나 인사 담당자가 자신의 가족을 소속 기관에 채용하거나, 고위 공직자나 계약 담당자, 그 가족이 소속 기관의 조달계약의 상대방이 되어 계약을 체결하는 것을 금한다.

예산·공용물 등의 사적 사용 금지(안 제21조, 제22조): 공직자의 희박한 공사 구분 의식으로 인해 발생하는 관행적인 예산·공용물의 사적인 사용을 금한다.

미공개 정보의 이용 금지(안 제23조): 공직자가 직무 수행 과정에서 알게 된 부동산 개발 정보, 금융 관련 정보, 단속 정보 등 일반 국민들에게 공개되지 않은 미공개 정보를 이용해 사적인 이익을 추구하는 행위를 금한다.

【 위반 행위 신고·처리 및 신고자 보호·보상 】
위반 행위 신고 접수 기관(안 제25조 제1항): 누구든지 이 법에 따른 위반 행위에 대해 피신고자가 소속된 공공 기관, 감독 기관, 감사원, 수사 기관, 국민권익위원회에 신고할 수 있도록 한다.

신고의 오 · 남용 방지 장치 도입(안 제25조 제2항 · 제3항): 허위 신고나 부정한 목적으로 신고하는 것을 금한다. 이를 위반한 경우 보호 대상에서 제외한다.

신고자에 대한 보호 · 보상(안 제26조): 부정 청탁을 신고한 공직자, 금지된 금품 등을 신고 · 인도한 공직자 또는 이 법을 위반한 행위를 신고한 자 등에게 불이익 조치를 금한다. 그에 따른 원상회복 조치, 신분 비밀 보호, 신변 보호, 책임 감면 등 보호 장치를 마련한다. 아울러 신고로 인해 공공 기관에 직접적인 수입이 회복·증대된 경우에는 신고자에게 보상금을 지급한다.

위에서 보다시피 김영란법은 부패 행위를 처벌하는 형법의 수준을 훌쩍 넘어선다. 공직 활동의 청렴성, 책임성, 신뢰성을 확보하기 위해 구체적인 행위 기준을 제시하는 일종의 부패 예방 법률에 가깝다. 부정 청탁 금지의 조항은 금품이 오가지 않은 경우에는 부정 청탁이 있었더라고 처벌이 어렵다는 형법의 한계를 보완한 것이다. 금품 등 수수 금지의 조항은 공무원이 금품을 수수하거나 요구하거나 약속한 경우에는 대가성이 없어도 처벌이 가능하도록 했다. 대가 관계가 입증되지 않으면 형사 처벌이 어려웠던 형법의 문제를 잡아낸 것이다. 기존에 법원은 공직자가 향응을 제공받았다고 하더라도 업무 관련성이나 대가 관계가 인정되지 않으면 뇌물수수죄가 성립되지 않는다고 판결해왔다. 공직자의 이해충돌 방지의 조항은 부패 행위만 규제하던 형법의 전통적인 한계를 지적하고 있다. 이해충돌이라는 새로운 개념의 부패 행위를 규제하려는 방안으로, 공직자 윤리의 토대가 될 것으로 기대되는 지점이다.

법조일원화와 평생법관제가 대안이 될 수 있을까

로펌을 중심으로 벌어지는 법조계의 전관예우를 타파하기 위해서는 전관의 수임 지역을 제한하는 현행 변호사법의 규정을 넘어서서, 좀 더 근본적인 해법이 마련돼야 한다는 목소리가 높다. 서울지방변호사회 부회장 선종문 변호사는 현 법조계의 풍조를 날카롭게 꼬집었다. "사법연수원 기수상 후배인 판검사가 승진해 앞서가면 뒤에 처진 선배는 옷을 벗는 관례가 당연시되는 법조계 문화에서 40-50대 부장 판사, 차장검사 출신이 로펌에서 영리 활동을 하는 것은 오히려 당연하게 받아들여진다. 사실 수임 제한은 대증요법(對症療法)에 불과한 것 아닌가. 공직 활동 중에 얻은 지식과 경험, 인맥은 공무원으로서 자연스레 쌓인 것이지 개인의 재산이 아니다. 퇴임 공직자들이 이를 자신의 부를 추구하는 데 사용하는 것 자체가 공직자 윤리를 위반하는 위법 행위이며 부끄러운 일이라는 인식부터 공직 사회에 자리 잡는 것이 중요하다."

경력 변호사 중에 법관을 선출하고 연방 판사를 종신직으로 보는 미국과 비교해보면 우리 사회는 전관을 배출할 수밖에 없는 구조를 가진 것처럼 보인다.

" 장기적으로 보면 법조계에서
3년 이상 일한 경력자를 법관
으로 채용하는 '법조일원화'
와 법원장 같은 고위 법관이
임기를 마친 후 퇴직하는 예전
관행을 따르지 않고 다시 일선

의 재판부로 돌아오는 '평생
법관제'를 정착시킬 필요가
있다. "

　이 제도는 각각 2013년, 2012년부터 시행되고 있다. 법관
이 한번 법원에 들어오면 사표를 내거나 퇴임해서 변호사로
개업하는 일이 없게 하고 법관의 처우도 개선함으로써 자연
스럽게 전관 변호사의 배출 자체를 줄여나가야 한다는 취지
에서 마련되었다.

　법원장을 지낸 뒤 다시 일선의 재판부로 복귀한 한 부장
판사는 자신의 복귀를 두고 "주위에선 '이해할 수 없다'는
반응을 보이는 이들도 있었지만 나는 '판사는 재판을 하는
사람'이라고 생각해왔기 때문에 전혀 어색하지 않다. 그동
안 공직에 있으면서 큰 혜택을 누린 것이 분명한 이상 그에
따른 합당한 책임을 지고 싶었다"라고 말했다. 그는 고위 법
관의 로펌행에 대해 "각자의 이야기를 들어보면 어려운 형
편 같은 사정이 있어 어쩔 수 없는 선택을 한 것이지만, 개인
적으로는 판사들이 경제적 사정을 이유로 퇴임하는 것이 마
뜩찮다"라며 "대형 로펌이 주는 고액 연봉에 비하면 판사의

월급이 하찮아 보일지 몰라도 일반인들이 받는 보수를 생각하면 결코 적은 액수가 아니다"라고 강조했다. 재판부로 복귀한 또 한 명의 부장판사도 비슷한 의견을 내세웠다. "판단을 내리는 판사의 업무와 비즈니스의 속성이 강한 변호사의 업무는 분명히 차원이 다르다. 우리도 일본처럼 판사가 정년까지 일할 수 있는 환경이 마련돼야 전관예우 관행이 사라지리라 본다. 재판부로 돌아오면서 후배들이 승진할 기회를 빼앗는 것 같아 미안하게 느끼는 부분도 있지만, 전관예우 관행을 없애기 위해서라도 평생 법관으로 남을 수 있는 제도를 정착시키는 것이 중요하다는 인식을 법조인들이 가져야 한다."

2012년 평생법관제가 도입되고 나서 조용호(사법연수원 10기) 서울고등법원장, 박삼봉(11기) 특허법원장, 최우식(11기) 대구고등법원장, 윤인태(12기) 부산지방법원장, 방극성(12기) 전주지방법원장, 조용구(11기), 심상철(12기) 서울고등법원 부장판사 등이 평생 법관의 길을 걷고 있다.

외국에선 어떻게
전관의 활동을 감시하는가

전관 문제로 고민하는 상황은 외국도 우리와 비슷하다. 하지만 이에 대처하고, 전관이 부당하게 공직자 사회에 개입하여 영향력을 행사하는 것을 차단하는 제도를 마련하는 모습은 우리와 사뭇 다르다.

미국의 경우에는 퇴임 공직자가 재취업하는 것을 허용하지만 행위와 활동 내용 자체를 철저히 감시한다. 1962년에 제정된 '뇌물수수 및 이해충돌방지법(Bribery, Graft, and Conflicts of Interest)'을 토대로 퇴임 공직자가 재직 중의 정보를 사용하는 일, 이해충돌 업체에 취업하거나 이해충돌이 발생할 활동을 하는 일 같은 특정 행위를 금지하고 있다. 또한 국익에 반하는 활동을 영구적으로 제한하며 이전에 일한 정부 부처의 공직자와 접촉하는 것을 제한하고 있는 것이 특징이다. 연방법전 제18권 제11장에 명시된 '뇌물수수 및 이해충돌방지' 조항은 행정부를 비롯해 거의 모든 공직자에 대한 윤리 규정을 명시하고 있다. 또 행위를 제한하는 기간까지 업무별로 나눠서 적용 제외, 1년 제한, 2년 제한, 영구적 제한으로 상세히 규정하고 있다.

사실 미국은 로비스트의 활동이 양성화돼 있어서 굳이 로펌에서 일하는 퇴임 공직자를 통해 정부 기관에 영향력을 행사할 이유가 없다. 무엇보다도 우리와 대조되는 것은 연방법원의 판사가 종신제를 보장받기 때문에 우리처럼 법관이 퇴직 후에 변호사로 개업하거나 로펌에 취업하는 것을 고민할 필요가 없다는 것이다.

일본에서는 대다수의 판검사들이 정년까지 일한다. 정년 퇴직 후에는 변호사로 개업해도 아무런 법적 제한을 받지 않지만 굳이 개업하거나 로펌에 취업하려 하지 않는다. 한국의 판검사들이 사법연수원 기수나 서열 문화 때문에 후배가 고위직에 오를 때마다 '용퇴'를 구실로 줄을 지어 현직을 떠나는 것과는 많이 다른 모습이다. 또한 일본의 판검사는 다른 직업과 비교할 때 기본급 자체가 한국보다 높은 수준이다. 정년까지 일하고 은퇴하는 것을 명예로 여기기 때문에 퇴임 후 변호사로 개업하는 것 자체를 수치로 생각한다. 일본은 이러한 사회적 분위기가 강해서 전관의 재취업을 굳이 법으로 금지할 필요도 없다는 것이 특징이다.

일본도 일반직 공무원이 산하기관에 재취업하는 문제로

골머리를 앓고 있다. 예를 들어 일본 최대의 전기·가스 공급 업체인 도쿄전력의 경우에 상당수의 임원이 감독 기관의 전직 임원 출신이다. 일본은 이 문제를 해결하기 위해 2008년 국가공무원법을 개정해 '민간인 재등용·재취직 적정화 센터'를 설치하는 등 심사를 강화했다. 공무원은 퇴직 전 5년간 맡았던 업무와 밀접한 관계에 있는 영리 기업에 2년간 취업할 수 없으며, 이를 어길 경우 3년 이하의 징역 또는 1만 엔 이하의 과태료 제재를 받는다. 취업을 하게 되더라도 해당 공무원은 퇴직 전 5년간 담당한 업무와 관련하여 청탁을 하는지를 감시하는 심사 위원회로부터 자유로울 수 없다.

영국은 '일반 공무원 관리 규정'과 '각료 규정' 등을 토대로 판검사와 고위 공직자의 취업을 제한하고 있다. 취업 활동뿐만 아니라 비영리 조직에서 벌이는 활동도 심사 대상에 포함되며, 최장 2년간 사전에 승인을 받은 활동만 허용된다. 독일과 프랑스도 마찬가지로 공직자가 퇴직 전 5년간 담당했던 업무와 관련된 기업에 취업하거나 그곳에서 자문으로 활동하는 것을 제한하고 있으며, 이를 어길 경우엔 공무원 연금을 박탈하거나 압류하는 등 강경한 조치를 취하고 있다.

과연 전관예우 논란이
변호사법 개정으로 이어질까

전관 변호사가 다시 공직으로 돌아갈 때는 변호사로서 수임한 내역을 국회에 의무적으로 제출하도록 하는 방향으로 변호사법이 개정될 전망이다. 법조윤리협의회는 변호사법 상에 있는 비밀 누설 금지 조항을 근거로 내세워 전관 변호사의 수임 내역을 공개하지 않았다. 어떻게 국회의 자료 요청을 거절할 수 있었을까.

법조윤리협의회는 법원행정처, 법무부, 대한변호사협회가 각각 3명씩 위촉한 위원 9명으로 구성돼 있는 기구로, 전관 변호사와 퇴임 공직자들이 사건 수임과 관련해 위법 행위를 하는 것을 적발해 징계를 신청하거나 수사를 의뢰한다(변호사법 제89조의2). 위법 행위를 한 변호사를 직접 징계하는 기구는 아니지만 전관의 활동을 집중 관리하는 곳이다. 변호사법 제89조의4에 의하면 '법관이나 검사 등이 공직에서 퇴임해 변호사로 개업하면 2년 동안 수임한 사건의 내역을 지방변호사회에 제출하고 지방변호사회는 이를 취합해 법조윤리협의회에 제출해야 한다.' 그런데 법조윤리협의회는 그동안 비밀 누설 금지 규정(변호사법 제89조의8 '법조윤리협의회의 직원은 업무 중 알게 된 비밀을 누설해서는 안 된다')을 근거로 들어 전관 변호사가 수임한 내역을 제출하라는 국회의 요구를 거부해왔다. 이번에 임명된 황교안 법무부 장관의 인사 청문회에서 이 문제가 불거졌다. 로펌에 재직하는 동안 월 1억 원의 수입을 올린 후보자에게 국회의원들은 청문회 자료로 구체적인 수임 내역을 요구했는데, 후보자는 이 규정을 들어 수임 내역을 명확히 밝히지 않았다. 황 후보자의 수임 내역을 보유하고 있던 법조윤리협의회도 같은 이유로 자료 제출을 거부했다. 물론 국회는 서울지방변호사회에도 황 후보자의 수입 자료를 제출하라고 요구했지만 각 지방변호사회는 법조윤리협의회에 관련 자료를 제출한 후에는 더 이상 보관하지 않는다.

즉각 서울지방변호사회는 '법조윤리협의회는 전관예우 근절을 위해 국회의 인사 청문회의 자료 제출 요구에 반드시 응해야 한다'라는 성명을 냈다. 이를 계기로 박영선 국회 법제사법위원장은 4월 임시국회에서 통과시킬 계획으로 변호사법 개정안을 대표 발의했다. 박 위원장은 "수임 내역을 의무적으로 제출하는 방안은 황 장관의 인사 청문회를 거치면서 이미 여야 간에 합의가 이뤄진 사안"이라며 "개정안이 통과되면 전관예우를 받았던 이른바 '회전문 인사'가 공직에 돌아오기 힘들어질 것"이라고 말했다. 앞으로 전관들은 자신의 수임 내역이 국회에 공개될 것임을 염두에 두면서 수임 과정에서부터 좀 더 신중해질 것이고 로비의 대가가 포함된 고액의 수임료를 받기 어려울 것이다, 이런 기대가 담겨 있다. 새누리당의 정갑윤 의원도 비슷한 취지의 변호사법 일부 개정안을 발의했다.

개정안은 여야 간에 공감대가 형성돼 있어 4월 23일 국회 법제사법위원회 법안심사소위원회를 무난히 통과했다. 이 개정안에 의하면 국회가 인사 청문회나 국정조사를 위해 요구할 경우에 법조윤리협의회는 퇴임 후 로펌에서 활동하거나 변호사로 개업한 판검사의 수임 사건 자료를 의무적으로 제출해야 한다. 이때 국회에 제출할 자료는 퇴임 공직자의 이름과 퇴임일, 퇴직 당시 소속 기관과 직위, 수임 일자와 사건명, 수임 사건의 관할 기관, 사건의 처리 결과, 유형별 사건의 수 등이다. 아울러 법조윤리협의회는 법조 윤리 실태 등을 비롯한 운영 상황을 매년 국회에 보고해야 한다. 동시에 법조윤리협의회의의 권한도 강화되어 관계 기관이나 단체에 사실 조회나 자료 제출을 요구하면 이들은 의무적으로 응하도록 했다. 수임 자료와 사건의 처리 결과를 제출하지 않거나 거짓 자료를 제출할 경우에는 2000만 원 이하의 과태료를 부과하도록 했다.

> 최근 여야 모두 전관예우의 폐해에 대해 한목소리를 내고 있지만 이번 개정안이 국회의 본회의에서 의결될지는 좀 더 지켜봐야 한다. 하지만 이번 변호사법 개정안 자체에도 몇 가지 미흡한 점이 눈에 띈다. 법조윤리협의회가 국회에 제출할 자료 중에 수임료 액수가 빠져 있다는 것 그리고 수임 내역 제출이 국정감사의 의무 조항으로 설정되지 않은 점이 아쉽다.

그리고 변호사 자격이 없는 고위 공직자들(국세청, 공정
거래위원회, 금융감독원 출신)이 로펌에 취업한 경우에 이
들의 수임 내역을 강제할 방안이 이번에도 마련되지 않았
다. 변호사법 제89조의6에 의하면 '공직자윤리법에 따른 재
산 등록 의무자와 5급 이상의 공직자가 변호사 자격 없이 로
펌에 취업할 경우엔 로펌은 이들의 명단과 업무 내역서를 지
방변호사를 통해 법조윤리협의회에 제출해야 한다.'

업무 내역서에는 퇴직 전 5년 동안 일했던 부처의 업무와
관련된 자문과 고문 내역, 로펌에서 받은 보수까지 적도록
했다. 즉 사정과 감독 기관에서 퇴임한 공직자들이 로펌에
들어가 로비스트로 활동하는 것을 막기 위해 만들어진 조항
이다. 그동안 로펌들은 이 조항 때문에 뜨거운 마찰을 빚으
면서도 법조윤리협의회에 이 행정 부처 출신 전관들의 명단
과 업무 내역서를 제출해왔다. 이제는 더 나아가 이들의 수
임 내역까지 국회에서 의무적으로 공개될 수 있는 길을 마
련해야 한다.

퇴직 후
자신의 길을 묵묵히 가는
법조인들

전관예우에 기대 평생 돈과 명예를 추구하려는 이들도 있지만 공직과 사회에 대한 책임감으로 퇴직 후 묵묵히 자신만의 길을 걷는 법조인들도 없지 않다.

"어서 오세요. 2500원입니다."

김능환 전 중앙선거관리위원장은 퇴임 바로 다음 날부터 부인이 운영하는 서울 동작구 상도동의 한 편의점에서 계산대를 지키고 있었다. 손님이 없을 때는 물건 상자를 겹겹이 쌓아 들고 옮겼다. 위아래 등산복 차림에 목에는 목도리를 둘렀다. 영락없는 편의점 주인아저씨였다. 올해 3월 퇴임식에서 거취를 묻는 기자들의 질문에 그는 "아내의 가게를 도우며 소시민으로 살아가겠다. 당분간 공직은 생각하지 않고 있다"라고 말했다. 말한 그대로 지내고 있었다. 그는 공직 생활 33년 내내 한결같이 검소한 모습을 보여 '청백리'라는 이제는 낯설게 들리는 별명을 얻었던 사람이다. 이런 퇴직 공직자도 우리 사회에 존재한다. 김 전 위원장의 이런 모습

김능환 전 중앙선거관리위원장이 퇴임 다음 날부터 부인이 운영
하는 편의점에서 물건이 든 상자를 들어 나르고 있다. ©연합뉴스

은 고위 공직자들이 로펌으로 쇄도하는 현실에서 어찌 보면 충격이었다.

김 전 위원장은 "예전부터 종종 가게에 나와 도와주다 보니 일이 익숙하다. 아직 물건을 정리하는 법은 배우지 못했다. 그것까지 내가 하면 집사람이 너무 심심해할까 봐……" 라고 말을 이었다.

그의 부인은 공직자 재산 공개 때마다 꼴찌 주변을 맴돌던 남편을 도와 편의점과 채소 가게를 열었다. "바깥양반이 '판사 주변에서 이해관계가 얽히는 일이 있으면 안 된다'고 늘 손사래를 치는 바람에 그나마 퇴임을 앞둔 지난해 가게를 열었다. 지난겨울 채소 값도 오른 데다가 처음 해보는 일이라 손해를 많이 봤다." 김 전 위원장은 "꿈이 있다면 편의점과 채소 가게가 먹고 살 만큼은 장사가 돼서 집사람과 함께 잘 지내는 것"이라며 웃었다. 그는 군것질거리를 사러 온 꼬마에게 공짜 사탕을 쥐어주고, 막걸리를 달라는 노인에게는 1200원짜리를 "1000원만 내셔도 된다"라며 값을 깎아주고 있었다. 눈앞에 있는 편의점 주인아저씨가 얼마 전까지만 해도 대법관과 중앙선거관리위원장을 지내던 사람이라는 것을 알아보는 이는 없었다.

"대형 로펌에서 영입 제안이 있었지만, 헌법재판소장으로 6년 동안 능력 이상의 과분한 대접과 대우를 받았으니 이제 사회봉사로 갚아야 할 때라고 생각합니다."

이강국 전 헌법재판소장이 올해 1월 퇴임한 후 처음으로 서울 서초동 법률구조공단 서울 지부 사무실에 모습을 드러냈다. 법률 상담 자원봉사자로 재능 기부를 하기 위해서였다. 공직을 떠나자마자 몇 억 원씩 고액 연봉을 받고 로펌에 취업하거나 그렇게 취업했다가 다시 공직으로 돌아오는 전관들에 대한 비판 여론이 최근 비등한 가운데, 이 전 소장의 행보는 신선한 충격으로 다가온다. 이 전 소장은 그러나 "그저 6년 전에 한 약속을 지키려고 하는 것일 뿐"이라며 담담한 반응을 보였다. 그는 2007년 헌법재판소장 후보로 지명되면서 국회의 인사 청문회에서 "임기를 마치면 법률구조공단에서 법률 상담 서비스를 하면서 사회봉사를 하겠다"라고 밝혔다. 6년이 지나 그 약속을 실천하고 있는 것이다.

이날 이 전 소장의 첫 상담 의뢰인은 지역 주택조합 형태인 재개발 아파트의 분양 계약을 파기했다가 계약금 일부를 손해 본 한 모 씨였다. 한 씨는 "분양 당시에 설명한 것과는

이강국 전 헌법재판소장이 서울 서초동 대한법률구조공단
서울중앙지부에서 무료 법률 상담 자원봉사를 하고 있다.

실제 내용이 달라서 계약을 파기했더니 계약금 중 1000만 원을 사업 추진비 명목으로 떼갔다. 약관에 있는 내용이지만 제대로 설명해준 사람이 없었다. 억울하고 분통이 터져 찾아왔다"라고 하소연했다. 이 전 소장은 "한평생 번 돈일 텐데 얼마나 억울하고 속상합니까"라고 먼저 위로의 말을 건넸다. 그리고 "직접 서명 날인한 (파기) 계약서가 있어서 돈을 돌려받기는 쉽지 않아 보인다. 소송 말고 다른 방도를 찾아야 할 것 같다"라며 솔직한 답을 제시했다. 한 씨 등 3명을 상대로 상담을 마친 이 전 소장은 "법률문제로 직접 시민을 만나 얘기해본 것은 이번이 처음이다. 우리 이웃들의 생생한 사연과 어려운 사정을 들으니 안타까우면서도 한편으로는 보람 있고 유익한 시간이었다"라고 말했다. 또한 이 전 소장은 앞으로의 계획에 대해 "더 이상 공직을 맡을 생각은 없고 로펌에 들어갈 일도 없다"라고 잘라 말했다. 그리고 "권력과 돈이 있는 사람일수록 사회에 공헌하고 기여해야 한다"라고 강조했다. 이 전 소장은 앞으로 매주 화요일과 목요일에 법률구조공단에서 법률 상담을 계속하는 한편 전북대 법학전문대학원에서 석좌교수로 후학 양성에 나설 계획이다.

공직에서 정년퇴직한 후 로펌의 유혹을 뿌리치고 검소한 생활을 이어가는 이들도 있다. 김대중 정부 당시 법무부 장관 후보로 여러 차례 물망에 올랐던 송종의 전 법제처장은 1998년 낙향해 충남 논산에서 밤나무와 딸기를 키우며 안빈낙도의 삶을 살고 있다. 김영란(11기), 김지형(11기), 박시환(12기) 같은 전 대법관들은 각각 서강대, 원광대, 인하대의 법학전문대학원에서 후학들을 가르치고 있다. 김지형 전 대법관은 지난해 말 '노동법연구소 해밀'의 초대 회장을 맡아 사회 공헌에도 힘쓰고 있다.

남상욱 —— 지금까지 전관예우와 그 중심에 선 대형 로펌에 대해 애기를 나눠봤습니다. 그렇다면 이 문제들을 어떻게 해결할 것인가. 그동안 정치권과 법조계에서 많은 논의가 있었고 제도적인 보완 장치들이 나왔는데 정말 실효성이 있는가. 전관예우를 바라보는 국민들의 감정은 점점 더 나빠지고 있는데, 여기에 대해 각자의 의견을 솔직하게 나눠보죠.

강철원 —— 정말 전관예우에 대한 국민들의 감정이 너무 안 좋아지고 있습니다. 앞서서 2011년 법률 시장의 개방에 대한 언급이 있었는데 전관예우금지법 같은 변호사법 개정안도 MB 정부 때 이뤄진 것 아닙니까. 저축은행 부도 사태가 터졌는데 알고 보니 공정거래위원회 출신 전관들이 저축은행의 감사로 들어가 있더라. 그런 한심한 상황이 국민의 눈앞에서 전개되는데 정부로서도 대책을 마련해야 했겠죠. 지금 전관예우의 부당함을 바라보는 국민들의 감정도 이때와 비슷합니다.

이성택 —— 현재 민주통합당의 박영선 의원과 이춘석 의원, 새누리당의 정갑윤 의원이 한목소리로 주장하는 것은 변호사법을 아예 개정해서 변호사가 수입을 신고하는 구조를 바꾸자는 겁니다. 먼저 지금 전관들이 자신의 수입을 어떤 식으로 신고하는지에 대해 알 필요가 있습니다. 크게 두 가지 방법으로 하고 있습니다. 보통 변호사는 지방변호사회에 자신이 수임한 사건의 수와 총 수입 금액을 신고해야 합니다. 이것은 전관뿐만 아니라 모든 변호사에게 해당되는 사항입니다. 물론 수임 내역은 신고하지 않습니다. 또 전관들은 전관예우를 집중 관리하기 위해 만들어진 기구인 법조윤리협의회에 수임한 사건의 내역을 제출하도록 돼 있습니다. 이때 수임료는 따로 신고하지 않습니다. 이번에 박영선 의원이 대표 발의한 변호사법 개정안에는 국회가 요구하면 법조윤리협의회는 전관이 신고한 수임 내역 등을 의무적으로 제출해야 한다는 내용이 들어 있습니다. 최근 황교안 법무부 장관의 인사 청문회에서 문제가 불거졌던 것이 이 부분입니다. 만약 전관이 로펌에서 월 1억 원을 벌었다면 이 돈이 현직의 공직자에게 부당한 압력을 써서 번 것인지 아니면 정당하게 일해서 번 것인지를 확인할 수 있어야 하는데, 국회의 청문회에서는 이 부분을 확인할 길이 없었습니다. 당시 청문회에서 수임 자료를 제출하라는 요구에 대해 황교안 법

무부 장관 후보자는 변호사가 클라이언트와의 비밀을 지켜야 한다는 의무 조항을 내세워 밝힐 수 없다고 말했고, 법조윤리협의회 측도 전관에 대한 비밀 유지 조항에 의거해 거부했습니다. 그래서 처음에는 황 후보자가 로펌에서 근무한 16개월 동안 2건 수임해놓고서 월 1억 원의 보수를 받은 것이 아니냐는 말도 나왔습니다. 뒤에서 조커 변호사 노릇을 해서 돈을 받은 것이라는 의혹이 커졌던 겁니다. 결국 국회에서 비판이 계속되면서 인사청문보고서를 채택하지 않겠다는 기류가 생기니까 황 후보자는 개인적으로 수임 내역을 적어와서 몇 건이라고 보고했습니다. 이것도 당사자의 기억에 의존한 내용이라서 신빙성이 별로 없는 것이었습니다.

남상욱 — 법조윤리협의회가 비밀 유지 조항을 고집함으로써 결국 법 개정의 수순으로 이어졌습니다.

이성택 — 정갑윤 의원이 추진하는 개정안에는 부칙을 하나 달자는 내용이 나옵니다. 법조윤리협의회는 비밀 유지에 대한 의무가 있지만 '다만 국회의 요청이 있는 경우 공개할 수 있다'는 부칙을 달자는 겁니다. 박영선 의원이 발의한 개정안은 좀 더 전면적인 개정에 가깝습니다. 법조윤리협의회는 전관이 수임한 사건의 내역과 수임료까지 공개하고 국회가 국정감사 때가 아니더라도 공익적 목적으로 요구할 때는 관련 자료를 제출하도록 하는 내용을 담고 있습니다. 아직은 좀 더 지켜봐야 할 것 같습니다. 하지만 이 개정안도 분명 한계가 있어 보입니다. 제가 관련 기사를 쓰면서 트위터 등에 올라온 반응을 확인했는데 이런 말들이 있었습니다. "이런 개정안이 통과돼도 결국 정식으로 수임하지 않고 조커 변호사 노릇을 하는 전관들은 신고를 안 하면 그만 아니냐." "결국은 전관 자체가 없어져야 하는 것 아니냐." 이 말들은 상당히 일리가 있습니다. 전관이 사건을 자신의 이름으로 수임하지 않은 채 뒤에서 전화로 변론하는 활동은 걸러지지 않을 테고요. 로펌에서 팀제로 활동하면서 음으로 양으로 활동하는 것도 마찬가지가 아닌가 합니다. 그래서 변호사법 개정이라는 조치가 약간의 개선 효과는 있을지 몰라도 전관예우 자체를 완전히 막을 수 있는 대안은 아니라고 봅니다.

남상욱 —— 결국 두 가지 대책 방향이 있습니다. 첫 번째는 전관이 투명하게 자신의 수임 내역과 수입을 공개하도록 만드는 방안을 마련하자는 것일 테고, 두 번째는 사건 수임 자체를 제한하자는 것 같습니다. 그런데 이것들이 과연 실질적으로 전관예우를 방지할 방안이 될 수 있을까요?

김청환 —— 공직자윤리법과 변호사법의 개정 같은 제도적 장치를 마련하더라도 일정한 한계가 있다고 봅니다. 법조계에서 사법연수원 기수를 중시하는 문화가 바뀌지 않는 한 이런 행태는 없어지지 않을 겁니다. 선배를 예우하는 동양의 문화라는 허울을 쓰고 출신 지역과 학벌 등을 우선하는 사회에서는 업무의 원칙이 바로설 리가 없습니다. 개인의 인맥과 연고를 따지는 한국 사회 특유의 문화적 폐단이 전관예우와 뿌리 깊이 얽혀 있다고 봅니다. 중국은 '꽌시'라고 하죠. 정당한 과정을 밟아서 일을 처리하지 않고 개인적으로 잘 아는 사람을 먼저 찾아가서 부탁하는 문화, 영향력 있는 사람의 힘을 등에 업고 일을 쉽게 풀어가려는 현재의 문화가 변하지 않는 한 답은 없습니다. 법조계의 전관예우 자체에 대한 접근보다는 기존의 문화와 인식에 자리 잡은 폐습을 살펴볼 필요가 있습니다. 사법연수원 기수를 앞세우는 문화가 여기에 속합니다. 최근에는 로스쿨 제도가 도입되면서 사법연수원 기수를 따지는 풍조가 변할 조짐이 있습니다. 하지만 이 제도도 어느 학교 로스쿨 출신인지를 따지는 차원으로 변질된다면 한국 사회 전반에 걸쳐 벌어지는 정실 관행을 따져봐야 합니다.

남상욱 ── 전관예우의 근본적 처치가 문화의 층위에서 논의 될 수밖에 없다면, 외국의 사례와 비교해봐야겠네요. 외국 에는 전관예우 문제가 사실상 없는 것으로 알려져 있지 않 습니까.

김혜영 ── 법조계의 전관예우 문제에는 장기적인 방편도 필 요합니다. 법조계가 자정을 위해 마련한 평생법관제와 법조 일원화가 정착되면 사법연수원 기수가 법조계를 좌지우지 하는 풍조는 바뀔 여지가 있습니다. 아무래도 여러 선진국 들은 이런 법조계의 전관예우 문제에서 우리보다 상대적으 로 자유로운 편입니다. 취재하면서 한 변호사에게 들었던 말인데 오랫동안 기억에 남습니다. "일본에서는 법관이나 검사들이 퇴직하고 다시 영리 활동을 하는 것을 수치로 여 기기 때문에 별다른 법적, 제도적 장치가 없는데도 불구하

고 전관예우 문제로 고민하지 않는다." 물론 일본의 사회 환
경이 우리의 경우와는 많이 다르다는 점을 감안해야겠지요.
기본적으로 일본의 법관과 검사들이 받는 처우가 우리에 비
해 좋습니다. 그냥 공직에 남아 있어도 경제적으로 아쉬울
것이 없다는 점이 우리와 다릅니다. 또 정년 보장을 당연한
것으로 받아들이는 점도 크게 다릅니다. 한국의 법조계에선
사법연수원 동기가 검찰총장 같은 고위직에 오르면 나머지
동기들이 함께 용퇴하는 것을 오히려 명예로운 일로 여기지
않습니까. 애당초 문화 자체가 다르다고 봅니다. 이런 시각
도 있습니다. 우리 법관과 검사들의 사고방식이 잘못됐다고
치부할 일이 아니라 그만큼 역사나 환경 자체가 다르기 때
문에 이런 문화가 굳어져 왔다는 겁니다.

남상욱 — 일본 쪽 사정이 그렇다면 미국 사회에서 전관예우
는 어떻게 다뤄지고 있나요?

김혜영 — 미국의 경우에는 연방 판사의 임기가 종신제로 보
장되기 때문에 구조상 법관이 전관으로 활동할 여지가 애당
초 없는 것이 큰 차이점으로 꼽힙니다. 공직 사회와 관련한

제도 중에 눈여겨볼 만한 것이 있는데, 꼭 법조계뿐 아니라 공직에 있다가 퇴임한 사람의 '행위'를 전반적으로 규제한다는 겁니다. 우리의 제도가 전관의 수임 지역을 제한하고 취업을 제한하는 식이라면, 미국의 경우에는 청탁 전화나 문제의 소지가 있는 일을 하면 처벌한다는 식으로 전관의 '행위'를 구체적으로 제한하는 법을 두고 있습니다. 이런 부분은 특히 우리 법조계가 단기적인 차원에서 참고할 만한 대안이 될 것 같습니다. 주목할 필요가 있습니다.

김정환 —— 사실 자본주의 사회에서 이미 사인이 된 전관 변호사들에게 전관이라는 이유만으로 수임 내역을 공개하라는 식의 대처는 미봉책이 될 수밖에 없습니다. 로펌은 영리 활동을 하는 법인이고 전관 변호사도 사인의 신분으로 활동하는 상황인데요. 이들의 활동 영역을 제한하고 공개하는 법안의 입법을 무작정 앞세우는 것도 자본주의 시스템과 일정하게 상충되는 측면이 있기 때문에 한계에 부딪칠 수밖에 없습니다.

남상욱 —— 저희가 기획 시리즈에서 지적한 것 중에 청탁 신

고제도 나왔는데 이와 관련한 제도적 보완책으로 김영란법
이 요즘 거론되고 있습니다.

김혜영 ── 김영란법 같은 법안에는 대체로 로펌의 로비 기업
화, 청탁이 통하는 공직, 전관의 고위 공직 리턴 세 문제를
해결하려는 내용이 담겨 있습니다. 그렇다고 이 법안에 로
펌의 정당한 영리 활동을 규제하려는 의도가 있는 건 아닙
니다. 헌법상 직업 선택의 자유가 있는데 누군가 로펌에 취
업하는 것 자체를 원천 차단하거나 연봉을 규제할 수 없지
요. 요즘 영미 로펌들이 국내로 진출하면서 우리 로펌들이
위기에 처해 있다는 말까지 나오는 상황에서 무조건 규제하
려다가는 탈이 날 수 있습니다. 퇴임 공무원과 관련한 법안
을 마련할 때는 서두르지 말고 규제할 정확한 대상과 근거
를 제대로 살펴봐야 합니다.

  결국 문제가 되는 지점은 로펌이 로비 기업화 되는 것, 전
관들이 로비나 청탁을 일삼음으로써 현직 공무원의 정당한
업무 수행을 방해하는 것, 청탁 같은 영리 활동을 하던 전관
들이 현직 공무원의 상관으로 돌아오는 이른바 리턴 인사인
데, 이 세 문제의 상황을 좀 더 구체적으로 들여다봄으로써

해결책을 다듬는 것이 바람직합니다.

남상욱 — 이 법안이 현행 공직자윤리법이나 형법을 보완하는 지점에 대해 좀 더 설명해주시죠.

김혜영 — 국민권익위원회가 입법화를 추진하는 김영란법의 가장 대표적인 내용은 부정 청탁을 규제하는 것입니다. 예를 들면 현행 공직자윤리법에는 공무원이 부정 청탁으로 여길 만한 전화를 받는다고 해도 이를 반드시 신고해야 한다거나 청탁한 사람이 처벌을 받는다는 규정이 없는데요. 김영란 법의 경우에는 공직자의 공정한 직무 수행을 저해하는 알선 행위를 한 자에게는 과태료를 물리고, 이에 따라 직무를 수행한 공무원도 처벌하도록 구체적으로 규정하고 있습니다. 금품 거래 사실이 없더라도 청탁 자체만으로 처벌이 가능하도록 형법 체계를 보완한 겁니다. 가장 새로운 내용은 공직자로 하여금 이해충돌이 되는 행위를 하지 못하게 만든 것입니다. 쉽게 말해 자신이 돈을 벌면서 얽혔던 일과 관련된 공직은 일정 기간 아예 맡지 못하도록 하자는 내용이 담겨 있습니다.

남상욱 — 거론되는 대책들은 많은데, 직접적인 이해 당사자인 변호사와 장래 변호사로 개업할 현직 판검사도 여기에 대해 할 말이 많을 것 같습니다. 실제로 이런 것들은 무조건 잘못이다, 그래서 막아야 한다는 목소리들의 이면에는 과도한 제한이라는 반론도 만만치가 않습니다.

정재호 — 구체적 수준에서 입법이 거론되는 전관예우 대책을 보면 사실 최근에 나온 이야기는 아닙니다. 그동안 꾸준히 나오던 이야기죠. 단적으로 이런 반론이 있습니다. 지난해 법원장으로 퇴임한 뒤 로펌에 들어간 한 변호사의 말을 인용해보겠습니다. "내가 공직에 몸담고 있을 때는 공직자라는 신분 때문에 하지 못하는 일이 많았는데, 이제 공직을 떠나 일하려는데 내가 전관이라는 이유로 활동을 다시 법으로 규제한다면 이는 '법 만능주의'가 아닙니까." 현재 활동하는 전관들은 이런 식의 입법적 규제를 '문제가 있으면 법으로 하면 되겠지'라고 생각하는 법 만능주의라고 비판합니다. 대한민국은 늘 그런 식이었다는 겁니다. 전관예우 대책에도 법 만능주의가 만연하는 건 아닐까요.

강철원 —— 개인 사무실을 낸 변호사들은 이런 말도 합니다. 전관예우가 문제가 되는 것은 일정 직위 이상의 고위 공직자들에게 기대하는 행동이 있는데 그들이 그 수준에 부응하지 못하기 때문이라는 겁니다. 검사장이나 고등법원 부장판사 이상의 공직자가 변호사로 개업하면 이를 공인의 활동으로 취급할 필요가 있고, 이들의 수입이 한 달에 1억 원을 초과하면 자동으로 사건의 수임 내역 등을 공개해야 한다고 주장합니다. 물론 이것은 위헌 소지가 있고 현실성이 떨어지는 이야기입니다. 이런 지적이 나오는 것은 이 사안이 단순히 욕을 한다고 해결될 문제가 아니라 법률적으로 제한할 지경까지 와 있음을 방증하는 겁니다. 입법 논의는 쉽게 수그러들지 않으리라 봅니다.

남상욱 —— 공직자윤리법 개정안은 지금 추세라면 정부나 국회에서 통과될 가능성이 큽니다. 저희가 로펌을 이야기하고 전관예우를 이야기하면서 반복해서 지적하게 되는데 가장 큰 문제점은 전관이 다시 공직으로 돌아오는 겁니다. 퇴임한 공직자가 로펌에 재취업했다가 다시 공직으로 돌아오는 것, 이 행태만큼은 국민의 감정상 용납되기 어렵습니다. 결국은 퇴임 공직자의 리턴 인사를 어떻게 제한할 것인가라는 문제로 귀결되는데요. 그런 전관은 공직자로서 갖춰야 할 윤리적, 도덕적 자질이 부족하지 않는가, 로펌에 재취업해 영리 활동을 했으면 그것으로 만족을 해야지 다시 공직으로 돌아오는 것은 도리에 어긋나지 않는가, 이런 감정입니다.

김청환 — 로펌의 변호사들은 이런 주장도 합니다. 로펌이라는 곳이 제법 훌륭한 인재들이 모여 있는 곳이고 정부에서 인재를 귀하게 중용한다는 의미에서 보면 리턴 인사를 무조건 비윤리적인 처사라고 비난할 게 아니라는 겁니다. 물론 국민들이 쉽게 받아들일 수 있는 내용은 아닙니다만 공직으로 리턴하는 사람들을 도덕성의 잣대로만 평가할 것은 또 아닙니다. 인재를 잘 활용하는 차원에서 어느 수준까지 용인할 수 있는지에 대해 사회적 토론과 합의가 필요합니다. 또 미국의 윤리 기준과 우리 사회의 것은 엄연히 다르지 않습니까. 예를 들어 프랑스 대통령은 버젓이 결혼하지 않은 상태에서 동거녀와 살고 있는데 우리 사회에서 대통령이 사실혼 관계를 유지하고 있다고 하면 큰 문제가 될 겁니다. 미국에서 대통령을 뽑을 때는 후보가 대학 시절에 불법 주차한 것도 낙마의 사유가 되는데 우리는 이보다는 관대하지 않습니까.

남상욱 ── 최근의 인사 청문회를 봐도 로펌에서 근무한 경력이 고위 공직자 후보의 결격사유가 되지는 않습니다. 후보자가 로펌에 재직하는 동안 무슨 활동을 했는가, 차라리 여기에 초점이 맞춰져 있습니다. 결국 로펌에 있었더라도 전관예우와 거리를 유지했던 사람이라면 리턴 인사라 해서 문제되지는 않을 겁니다.

정재호 ── 전관예우와 리턴 인사의 가장 근본적인 성격은 정당성을 확보하지 못한 행위라는 겁니다. 전관 스스로는 정당하다고 주장하더라도 이를 국민들에게 인정받으려면 자신의 업무 내역을 공개해야 합니다. 그런데 이런 공개가 전혀 이뤄지지 않고 있습니다. 공개되지 않은 활동이 어떻게 정당성을 확보할 수 있겠습니까. 단적인 예를 들면 로펌 심슨 대처에 근무하는 위원 중에는 로펌과 증권거래소의 고위직 사이를 몇 번씩이나 오간 사례도 있습니다. 하지만 이를 문제 삼는 사람은 없거든요. 자신이 로펌에서 한 일을 구체적으로 공개하고 있기 때문입니다. 또 다른 영국 로펌에 다니는 한 고문은 채용될 때 자신이 공직에서 얻은 정보는 공개하지 않겠다는 계약을 체결한 걸로 알고 있습니다. 공직과 이해단체 사이를 넘나들 때 게이트 도어가 있어서 여기에서 자신의 활동을 공개하고 또 공개하면 정당성이 확보되는 겁니다. 적어도 영미 로펌에서는 전관예우 문제가 없어 보입니다.

이성택 —— 전관들이 현직 공직자에게 부당한 압력을 행사하려 해도 이를 꿋꿋하게 이겨내려는 공직자가 있지 않겠습니까. 하지만 결국 전관들이 다시 현직으로 복귀할 수 있다고 생각하면 어떤 개별 공직자가 압력을 견뎌낼 수 있을지 의문이 듭니다. 이 부분이 정말 중요한 지점입니다. 같은 조직에 있다가 떠난 전관에게 '나는 당신의 청탁을 받아들이지 않고 원칙대로 하겠다'라는 태도로 대하고 싶은데 어느 날 그 전관이 자기 부처의 책임자로 돌아올지 모른다고 생각하면 끝까지 전관의 청탁을 배척하기란 현실적으로 어렵습니다. 그래서 이와 관련한 법을 만들고 정보를 공개하는 것도 중요하지만 가장 간단한 방법은 전관을 고위 공직에 다시 쓰는 일이 없으면 되지 않겠습니까. 이번 조각 과정에서 인사권자가 국민의 눈을 의식한다면 해서는 안 될 인사가 여럿 있었습니다. 예를 들어 한만수 공정거래위원장 후보자, 이런 사람은 애초에 안 뽑으면 되지 않았을까. 해당 부처에서 내부 승진시킬 사람도 있었을 텐데 로펌에서 대기업의 소송 사건을 주로 맡아오던 사람을 다시 공직으로 데려온다는 것은 말이 안 됩니다. 얼마 전 한국일보의 이성철 산업부장이 한 칼럼에서 '공직자가 로펌에 가는 건 어쩔 수 없다 하더라도 다시 공직으로 돌아오지는 마라' 라는 취지의 글을 썼는데 이를 읽은 판사들 중에 '잘 읽었다' 고 전하는 분이 꽤 있었습니다. 물론 퇴직 후 로펌으로 갈 마음이 있는 현직 판검사들이 자신의 가려운 곳을 긁어준 것 같아서 나온 반응이겠지요. 전관들은 로펌에 취업하면 공직으로 돌아올 생각을 하지 말아야 하고, 인사권자는 이미 사인이 된 전관을 다시 쓰는 일에 신중해야 합니다.

김혜영 ── 양쪽 다 일리가 있다고 생각합니다. 로펌의 변호사나 전문위원이면 자기 나름대로 지식과 경륜, 노하우를 고루 가진 인재들인데 한번 공직을 떠났다는 이유로 다시 공직으로 돌아오지 못하게 하는 것은 가혹한 면이 있습니다. 또한 로펌의 전관이 현직 판검사에서 청탁을 했는데 이 인물이 현직 판검사들의 상관으로 돌아오도록 내버려두는 것은 전관예우를 조장하는 것이 아닌가 하는 입장에도 공감이 갑니다. 양측의 입장을 종합해보면 '이해충돌심사제' 가 절충점을 찾을 수 있는 대안이라고 봅니다. 예를 들어 검찰의 수사와 관련된 업무에 개입했던 로펌 변호사가 법무부 장관으로 오면 이해가 충돌할 여지가 있습니다. 이런 경우를 심사해서 이해가 충돌할 우려가 있다면 인사의 대상자가 될 수 없도록 하자는 취지에서 이해충돌심사제가 필요합니다. 그분이 자신의 이해관계와 얽혀 있지 않은 다른 공직 기관에 가서 자기 나름의 노하우를 발휘하고, 특히 자신이 민간에서 이익을 추구하면서 했던 활동과 이해가 충돌하지 않는 공직 영역에서 봉사할 길은 얼마든지 있습니다. 위원회가 심사해서 전관예우의 문제가 없다고 판단한 경우에는 전관이라도 다시 공직에 돌아올 길을 열어주자는 겁니다. 김영란법에 이 같은 내용이 일부 포함돼 있습니다. 또한 신규로 임용할 차관급 이상의 공직 후보자로 하여금 자신이 민간에서 영리 활동을 한 내역을 모두 신고하게 해서 이 사람이 임용할 자리에 가도 좋을지 판단하는 제도도 필요합니다.

이성택 —— 실제로 로펌에 들어간 전관 중에는 다시 공직에 복귀할 날을 학수고대하는 사람이 많다고 합니다. 특히 공정거래위원회 같은 경제 부처의 출신이 그렇다고 합니다. 물론 로펌은 인재 풀이라는 말이 완전히 근거 없는 말은 아니지만 어찌 보면 로펌들이 내세우는 홍보 문구가 아닌가 싶습니다. 로펌들로선 같이 근무하던 사람이 공직에 들어가는 것을 정말 좋아하는데 그게 다 엄청난 홍보 효과가 있기 때문입니다. 황교안 법무부 장관의 사례만 봐도 그분이 근무한 로펌 태평양이 업계에서 인기를 끄는 효과가 생기지 않았습니까. 공직자를 임용할 때는 꼭 이해충돌 심사를 거쳐서 해당 공직과 이해관계가 얽힌 사람을 뽑는 일이 없어야 하겠습니다. 공직자 인선에 조금이라도 떳떳하지 못한 부분이 있으면 무엇보다도 국민들이 이해하지 못하고 감정이 상할 겁니다.

김영화 —— 전관예우 문제는 사실 십수 년이나 된 이야기 아닌가요. 이번에 고위 공직자의 인사 청문회에서 후보자가 로펌에서 고액 연봉을 받은 사실이 밝혀지면서 전관예우 의혹이 불거졌습니다. 이것은 그동안 법률 시장을 지배하던 로펌이 이제는 공직 사회에까지 영향력을 행사한다는 경보음이 울린 거라고 봅니다. 이런 과정을 통해 다시 전관에 대한 관심이 커졌습니다. 여러 대책 중에 주목할 말한 것은 법원과 검찰에서 마련한 법조일원화와 평생법관제입니다.

그런데 우선 짚고 넘어갈 부분이 있습니다. 최근 고위직 검찰 인사가 나면서 사법연수원 15기들이 퇴직한 과정을 지켜봤습니다. 이들은 대체로 1959년과 1962년 사이에 태어난 분들입니다. 한국 나이로는 현재 52세에서 55세 정도인데 100세 시대를 살고 있는 요즘에 퇴직한 뒤 아무것도 하지 않고 공적 활동만 하며 굶고 지낼 수는 없는 노릇 아닙니까. 변호사 자격증을 가진 이들이 재취업하기 위해 로펌이든 어디든 가는 것은 당연한 거라 봅니다. 이게 무척 한국적 상황이기도 하고 용퇴라는 이유로 강제로 떠밀리듯이 판검사를 그만두고 나가는 것은 그동안의 관행 같은 문화가 반영돼 있습니다.

그런 의미에서 외국의 사례를 많이 참조해볼 필요가 있습니다. 일단 미국의 경우에 연방 판사가 종신법관제로 운영

되고 있다는 점이 우리와 다릅니다. 종신법관제를 실시하면 비용이 많이 들긴 하는데 여기에 운영의 묘를 발휘하고 있습니다. 연방 판사가 65세에 이르고 또 재직 기간이 15년이 넘으면 원로 판사로 신청할 수 있습니다. 판사 신분을 그대로 유지하기 때문에 사무실에 로클럭을 전처럼 두고 봉급도 같습니다. 그런데 원로 판사가 되면 자신이 평소 했던 업무의 3분의 1만 하면 됩니다. 어떻게 보면 명예 판사로 활동하는 것인데 물론 본인이 원로 판사로 신청하면 그 빈자리는 다른 판사로 채울 수 있도록 합니다. 원래 하던 업무의 3분의 1 정도는 계승하면서 신청이나 집행 사건 같은 판결을 해주고 사법 행정 업무를 돕는 식입니다. 외부적으로 정부나 의회, 학교 등을 응대하는 역할도 맡습니다. 원로 판사로서는 월급이 보전되는 이상 굳이 퇴임해서 변호사로 개업할 이유가 없습니다. 우리나라도 고등법원 부장판사 이상에게는 이런 대우를 해줘야 하는 것 아닌가 싶습니다. 고등법원 부장판사 정도면 월 600-700만 원의 보수를 받는데 사회에서 이들의 사법연수원 동기들은 월 2억 원 이상을 벌기도 합니다. 어떻게 보면 훌륭한 인재들을 무척 낮은 가격으로 활용하면서 계속 사회를 위해서 봉사하라고 강요하는 것 아닙니까. 본인에게는 너무 가혹한 처사이고요. 결국 공직 신분을 유지할 수 있는 대우라도 해줘야 하는 것 아니냐는 이야기가 계속 나옵니다.

말이 조금 길어지는데 한 가지 더 지적해보겠습니다. 요즘 법원에 평생법관제가 도입되면서 법원장을 역임한 분이 다시 일선의 재판부로 돌아와 재판 업무를 재개할 길이 열렸습니다. 그런데 이게 상황이 여의치 않습니다. 미국의 경우엔 로클럭이 판결문의 초고를 써주지만 요즘 우리 고등법원만 해도 대등재판부라고 해서 판결문도 판사가 혼자 다 써야 합니다. 60세에 가까운 판사가 이런 업무를 혼자서 다 하는 것도 쉽지 않을뿐더러 이런 식이라면 법관들이 기피하기 때문에 평생법관제가 우리 법원에 정착하기 어려울 겁니다. 법원장을 지낸 판사들을 공직에 잡아두려면 미국의 원로판사제를 참고해서 법관의 처우를 개선할 필요가 있습니다. 이번 검찰 인사로 퇴임한 사법연수원 15기들이 우르르 나가는 모습을 보면서 이런 인물들을 공적 영역에서 활용할 방안이 시급하다는 생각이 들었습니다.

이성택 ── 그렇게 되면 고등법원 부장판사만 해도 관용차가

법관의 봉급표. 2013년 기준 (월지급액, 단위 : 원)

직 명	호 봉	봉 급 액
대법원장		9,612,800
대 법 관		6,808,600
일반법관	17	6,798,500
	16	6,785,500
	15	6,400,600
	14	6,017,500
	13	5,673,900
	12	5,383,900
	11	5,244,100
	10	5,079,500
	9	4,804,700
	8	4,477,200
	7	4,194,700
	6	3,929,700
	5	3,674,000
	4	3,416,500
	3	3,167,600
	2	2,919,300
	1	2,591,000

나오고 운전기사도 있는데 전관예우를 막고자 다른 공무원에 비해 엄청난 특혜를 주는 것은 아닐까요. 종신직을 부여하는 것 자체가 큰 특혜라는 지적이 나올 것 같습니다.

정재호 ── 일반 공무원과 법조계 공직자를 같은 선상에서 논의하는 것은 좀 그렇습니다. 공직이라는 틀에서 보면 같겠지만 법관이 하고 있는 일은 삼권분립 중 사법의 영역에 해당하는 일이니 각자 상당히 독립적인 존재인 셈입니다. 소속된 기관이 하나의 헌법기관이기 때문에 특혜라는 표현은 과도한 측면이 있습니다. 차관급 이상에게 관용차가 나오는 것은 다른 차원에서 논의해도 되겠고요. 법원 쪽에서 원로판사제를 도입하는 데 드는 비용 정도는 공직 사회의 형평성에 대한 고려와는 달리 생각해도 될 것 같습니다.

남상욱 ── 한 조직이 내부의 인재들을 품고 갈 수 있는 기반을 마련하려는 대책은 긍정적으로 볼 필요가 있습니다. 최근 법원이나 검찰의 상황을 보면 '퇴직이나 인사의 결정은 은행에서 한다'라는 말이 돌 정도로 많은 판검사들이 경제적 고려로 공직을 떠나고 있습니다. 주위에는 '2, 3년 바짝 벌어서 평생 먹고 살아야 한다'라는 이야기를 하면서 그만 두는 판검사도 있는 게 현실입니다. 이렇게 나간 인재들을 로펌이 품고 가면서 힘을 얻게 되는 셈입니다. 결국 법원과 검찰이 조직의 역량을 키우려는 측면에서 고급 인재를 품을 수 있는 대우와 기준을 다시 생각해보는 것도 하나의 대안 이 되겠습니다.

이성택 — 그런데 사실 원로법관제를 추진함으로써 여기에 국가에서 재원을 지원해주자는 건 일종의 기회비용을 챙겨 주겠다는 뜻으로 받아들여집니다. '당신이 퇴임해서 벌 수 있는 돈이 그 정도라면 그만큼 국가에서 챙겨주겠다'는 개 념처럼 들리기도 하고요. 그런데 분명한 건 전관들이 나가 서 버는 돈에는 거품이 있고 '전관 효과'가 반영돼 있다는 겁니다. 뭔가 전관이 불법과 탈법 행위를 저질러 벌 수 있는 기대 수익을 국민의 세금으로 보상해주는 것이나 마찬가지 입니다. 물론 판검사의 월급을 현실화할 필요는 있습니다. 하지만 전관예우를 엄격하게 처벌하는 방향으로 대안이 마 련돼야지 현직의 공직자들에게 특혜를 주는 식이 되어서는 안 된다고 봅니다. 예를 들어 전관이 전화를 걸어와 청탁을 하면 현직 공직자는 신고를 철저하게 하고 이를 어겼을 경우에 엄중히 처벌하는 조치가 이뤄져야 합니다. 물론 그렇게 해서 당장 청탁이 근절되지는 않더라도 전화하는 전관과 전화를 받는 현직 양쪽 모두에게 부담이 될 테니 일정 부분 줄어드리라 봅니다. 변호사가 정당한 사유 없이 판사의 방을 찾아가는 변호 활동도 규제할 필요가 있습니다. 사실 평생법관제를 실시한 것은 상당히 좋은 조치 아닙니까. 쓰다듬어주는 것도 좋지만 엄격한 규정을 만들어 발본색원해야 합니다. 공직 사회 전반에 걸쳐 전관을 예우해준다는 미명하에 청탁을 받았다가는 '정말 큰일 날 수 있다' '창피당하고 곤혹스러울 수 있다'는 의식을 심어줘야 합니다.

김혜영 —— 저도 상당히 공감합니다. 예를 들어 공직 사회에서 전관의 전화를 받는 것 자체를 신고하고 기록하는 일, 전관과 함께 식사하는 것을 규제하는 것, 우연한 자리에서 마주쳤더라도 보고하도록 하는 것 등의 조치가 필요합니다. 물론 이러한 조치는 리턴 인사를 방지한다는 전제하에 가능할 겁니다. 퇴임한 공직자가 언제라도 자기 상관으로 올 수 있는 상황에서 현직에 있는 사람이 청탁한 전관을 신고하기란 어려운 일입니다. 현 공직자가 너무 큰 심리적 부담을 지게 되고 실제로 신고가 잘 이뤄지지 않을 게 뻔합니다. 리턴 인사를 방지하는 제도가 마련되어 있다면, 공직자가 전관의 전화나 대면 응대 등 청탁으로 해석될 여지가 있는 행위들을 신고하는 것은 가능하다고 봅니다. 이를테면 공직자들이 기자의 전화를 받을 때 보면 모든 말을 메모하고 꼼꼼히 기록해 상부에 보고하는 등 상당히 민감하게 반응하지 않습니까. 오늘 어느 언론사의 기자가 이런 내용을 취재해갔다, 그러니 내일 이런 보도가 나오리라 예상된다는 식으로 진상을 정확히 보고하고 발 빠르게 움직이지 않습니까. 이에 준해서 청탁으로 해석될 수 있는 전관과의 전화 통화나 대면 접촉이 있었을 때 상부에 보고하는 일이 그리 어렵거나 불가능한 작업은 아닐 겁니다.

더 나아가 공직자의 입장을 좀 더 현실적으로 고려해 보완 대책을 추가할 필요가 있습니다. 청탁이 있었다고 신고해야 할 전관이 보고를 올려야 할 자신의 기관장과 학연, 지연, 근무 인연 등으로 얽혀 있는 걸 알고 있는데 신고하기는 어렵겠지요. 이렇게 구체적인 정황에 대해 대처할 방안을 마련하는 식으로 제도화해나가야 합니다.

남상욱 — 워터게이트 사건을 특종 취재한 기자 밥 우드워드가 쓴 책 중에 미국 연방대법원의 숨은 실체를 파헤친 책이 있습니다. 거기에 대법관을 찾아간 한 변호사 이야기가 있습니다. 만난 자리에서 변호사가 진행 중인 사건 이야기를 꺼내니까 대법관이 당장 변호사를 내쫓는 장면이 나옵니다. 미국에서는 공직자가 변호사를 만났을 때는 반드시 신고를 해야 되고 안 하는 것 자체가 문제가 되어 있습니다.

강철원 — 전관들을 사회적으로 활용할 방안을 만들어야 하지 않을까요. 판검사들은 퇴직하더라도 변호사 자격증이 있으니 변호사로 개업하면 되는데 경찰은 그렇지 않습니다. 퇴직 후 재취업을 하기 어려운 전관이 재취업의 기회가 많은 전관보다 현직에 있을 때 뇌물 범죄에 말려들 가능성이 크기 마련입니다. 이런 생각을 좀 더 확장시켜보면, 퇴직한 전관의 경륜과 능력을 활용할 공익 기관이나 연구소를 만드는 것도 필요하리라 봅니다. 법률 선진화와 사법 시스템을 연구하는 기관이 있을 수도 있고요. 전관의 능력을 국가를 위해 활용할 방안이 필요합니다. 또 한 가지는 전관은 자신의 공직 생활에 대해 책임지는 자세를 가져야 합니다. 판검사들이 공직을 선택했을 때는 월급이 적고 여러 사회적 제약이 있다는 것을 고려하지 않았겠습니까. 그럼에도 불구하고 공직을 선택했다면 본인이 자신의 현실에 대해 일정 부분 책임이 있는 겁니다. 그런데 퇴직 후에 현직 시절에 제약받은 것에 대해 보상받으려는 심리가 앞서다 보니 사기업체의 솔깃한 유혹에 빠지는 것 같습니다. 저희도 기자라는 직업을 선택할 때 월급이 적다는 것을 모르고 선택하는 것이 아닙니다. 경제적 보상이 아니더라도 공직에서 얻는 보람이나 사회적 존경 등 무형의 이익이 있고 나중에 어떤 일을 하든지 도움이 되기 때문에 판검사를 선택한 것 아닙니까. 퇴임한 공직자는 이런 점도 고려해야 합니다.

김청환 —— '다시 문화가 문제다' 라는 지점으로 돌아가봅니다. 김능환 대법관이 퇴임 후 아내가 하는 편의점에서 일하는 모습에서 국민들은 감동을 받았습니다. 고위 공직자가 퇴임하면 어떤 길을 가야 하는가에 대해 다시 한 번 돌이켜 생각해볼 기회였습니다. 어떤 전관이 대형 로펌에 들어갔다는 소식을 접하면 자본주의 사회니까 돈을 버는 것이야 당연하겠지 하고 생각하다가도 전관이라는 사실 때문에 아쉬

운 마음이 생깁니다. 또 그런 사람이 다시 공직으로 돌아왔
다 하면 결코 편한 시선으로 바라보기 어렵습니다. 이제 전
관이라면 일말의 자존심이나 노블레스 오블리주를 갖고 퇴
직 후의 진로를 고민할 때가 되었습니다.

김혜영 —— 저희는 전관들이 우수한 인력이라는 점을 전제하
고 이야기하고 있는데, 그들이 특정 분야에서 쌓은 전문성
을 인정받아 로펌에 가는 것이 아니라는 게 분명히 있습니
다. 로펌으로선 전관이 공직에 몸담은 동안 자연스럽게 쌓
은 인맥과 비공개 정보를 이용해 수익을 올릴 수 있다고 판
단하면서 그들을 영입되는 측면이 있으니까요. 가혹하게 들
릴지도 모르겠습니다만, 전관예우란 전관이 국가에서 주는
봉급으로 공직에 재직하며 자연스럽게 쌓은 인맥을 퇴직 후
자신의 사리사욕을 채우는 데 사용하는 형국입니다. 전관예
우를 자연스럽게 받아들일 수 없는 지점입니다. 예를 들어
군 장성이 군 복무를 하면서 알게 된 비공개 정보나 인맥을
전역 후에 돈을 버는 데 쓴다면 당연히 비난이 뒤따르게 됩
니다. 법조계의 전관도 공직에 있는 동안 자연스럽게 획득
한 인맥을 퇴임해서 돈을 버는 데 쓴다면 이와 크게 다를 게

없습니다. 올 3월에 서울지방변호사회는 전관예우를 바로 잡는 차원에서 이런 성명을 발표했습니다. "고위 공직자들은 국가가 키워낸 인재다. 물론 그들의 능력이 뛰어나기도 하겠지만, 국가가 그들에게 능력을 발휘할 기회를 주지 않았더라면 그들은 지금처럼 '누구나 모셔가려는' 인재가 되기 어려웠을 것이다. 그런데도 그들이 공무 수행 과정에서 얻은 지식과 경험을 사적인 이익을 얻는 데에만 사용한다면 이는 비난받아 마땅한 일이다. 국가가 입혀준 옷을 벗을 때에는, 그 옷을 국가에 돌려주는 것이 공직자의 의무이다." 공직자라면 마땅히 귀담아들어야 할 지적입니다.

전관예우가
계속 통할 거라는 '믿음'

"의뢰인들은 똑같은 사건에서 패소해도 대형 로펌이 변호를 맡았다면 '대형 로펌의 전관 변호사도 이기지 못할 만큼 어려운 사건이구나' 하면서, 단독 개업 변호사가 맡은 경우라면 '역시 실력이 없다' 라고 말한다."

법조계의 전관예우 실태를 취재하면서 한 개인 사무실을 연 변호사로부터 들은 하소연이다. 기획 시리즈가 연재되는 동안 비판의 대상이 된 대형 로펌들 중 한 곳이 스스로 자신들의 '고삐 풀린 전관 영입에 문제가 많다고 생각했는데 그런 부분을 잘 지적했다' 라며 긍정적으로 평가하는 경우도 있었다. 하지만 이번 기획으로 '전관들과 대형 로펌은 오히려 "노이즈 마케팅" 효과가 생긴다며 뒤에서 웃고 있다' 는 자조 섞인 목소리도 나왔다. 한국 사회에 전관예우가 얼마나 뿌리 깊은 문제인지를 보여주는 방증이다.

전관들이 대형 로펌에서 한 달에 수억 원을 벌어들이는 기현상의 이면에는 이처럼 전관에 대한 '믿음'이 자리 잡고 있다. 전관이라는 간판이 있으면 굳이 나서지 않아도 사건이 알아서 따라오기 때문에 대형 로펌은 전관을 모셔가려 애쓴다. 그러나 전관의 실제 영향력은 점점 줄어들고 있다는 게 법조계 안팎의 공통된 지적이다. 법원과 검찰이 예전보다는 투명하게 사건을 처리하고 있고, 감시의 눈도 많아졌기 때문이다. 그런데 전관들의 몸값은 오히려 오르고 있다. 왜 그럴까. 결국 이들의 몸값을 지탱하는 것은 다름 아니라 전관예우가 통할 거라는 사회적 믿음이다. 자신이나 가족이 송사에 휘말리면 돈 보따리 싸 들고 '용하다'고 소문난 전관을 찾아가는 관행이 반복되는 이상 전관예우는 사라질 리 없다. 지푸라기라도 잡아야겠다는 심정은 십분 이해하지만 돈을 쏟아 부은 만큼 효과가 있었는가를 생각해보면 기둥뿌리를 뽑아 전관을 사는 일이 언제나 정답은 아니다.

" 우선적으로는 여전히 남아 있는 전관들의 로비 행태를 뿌리 뽑는 일이 무엇보다 중요하

다. 통하든 통하지 않든, 아직
도 일부 전관은 자신이 몸담았
던 공직 사회에 부당한 입김을
미치려 하고, 실제로 그들의
눈치를 보는 공직자가 있다."

이런 일을 그대로 놔두면서 전관예우는 없다고 국민들이
믿어주길 바라는 것은 어불성설이다. 법이 아닌 돈과 인맥
이 결과를 좌우한다는 믿음은 공직 사회에 대한 국민의 신
뢰를 밑동에서부터 갉아먹어왔다.
'박근혜정부 들어 국회의 장관 후보 청문회에서 전관예우
가 이슈화되자 전관들이 오히려 돈을 더 잘 번다'는 비아냥
거림을 더 이상 듣지 않기 위해서라도 이번에는 제대로 된
근절 대책을 마련해야 한다.

사진 출처

19, 26, 68, 86, 100, 121, 133, 165, 173, 205쪽: ⓒ한국일보
47, 83, 117, 169쪽: ⓒ이동준
162쪽: ⓒ연합뉴스

전관예우 비밀해제

1판 1쇄 인쇄 2013년 5월 9일
1판 1쇄 발행 2013년 5월 15일

지은이 강철원 · 김영화 외
펴낸이 임후성
펴낸곳 북콤마
편집 · 디자인 이예숙 · 박진범

등록 제406-2012-000090호
주소 (413-756) 경기도 파주시 문발동 파주출판단지 534-2 201호
전화 031-955-1650
팩스 0505-300-2750
이메일 bookcomma@naver.com **트위터** @bookcomma
ISBN 979-11-950383-1-2 03300

이 도서의 국립중앙도서관 출판시도서목록(CIP)은 서지정보유통지원시스템 홈페이지(http://seoji.nl.go.kr)와 국가자료공동목록시스템
(http://www.nl.go.kr/kolisnet)에서 이용하실 수 있습니다.(CIP제어번호: CIP2013005410)